日本銀行の敗北

インフレが日本を潰す

相沢幸悦
Aizawa Koetsu

日本経済評論社

はじめに

日本銀行は、政治に完全敗北したか？

いまのところは……〝否〟。

日銀は、安倍政権の軍門に下ったものの、かろうじて金融政策では、インフレの亢進という完全敗北を喫していないからである。むしろ、デフレ状態が継続し苦悩している。

だが、すでに、２０１３年４月に導入された量的・質的金融緩和（いわゆる異次元緩和）で日銀の敗北がはじまっているといえよう。16年2月には、マイナス金利まで導入したが、ここで、日銀の敗北がほぼ決定的となった。

このまま事態が推移すれば、２０２０年東京五輪・パラリンピック後にインフレが亢進することは必定である。

日本銀行の政治への完全敗北……。

日銀（中央銀行）の使命というのは、２％程度での物価の安定と金融システムの安定性の維持により、日本経済の健全な発展に寄与することにある。後者の使命の遂行をさまたげるものはいないが、前者はそうではない。ここに事態の深刻さがある。

安倍政権の「別動隊」のごとき行動をしている黒田日銀は、２０１６年1月29日に非伝統的金融政策というよりも、資本主義の大原則を根本から否定するマイナス金利政策の導入を決定した。いわゆるマイナス金利付き量的・質的金融緩和がそれである。

日銀の金融政策決定会合では、このマイナス金利政策の導入を5対4という僅差で決定した。しかし、残念ながら、マイナス金利政策に反対票を投じた日銀良識派の審議委員がさりつつある。任期切れのためである。

国会で圧倒的多数を誇る安倍政権は、黒田日銀に楯突く審議委員の後任にリフレ派を選任している。いずれ、日銀執行部は、提案したどんな金融政策でも満場一致で決定できるようになるであろう。

とうぜんながら、安倍政権は、日銀が総力をあげて政府の「強い経済」作りに協力していると絶賛するだろう。

これは、まるでドイツで、政治の従属下におかれ、ヒトラーの「金庫（打ち出の小槌）」に貶められたかつてのドイツ・ライヒスバンク（中央銀行）のごときである。その冷厳なる帰結は、国家そのものの崩壊・破滅であった。

日本では、インフレの亢進がせまっているというと、ほとんどのひとが否定する。30年物の超長期国債の金利ですら０・２％あまりというしまつなのだから、しかたのないことなのかもしれない。

すでに１１００兆円あまりの政府（国・地方）債務残高をかかえる日本では、２０２０年の東京五輪・パラリンピック（東京五輪）開催を口実にさらに債務がかさむことは必定である。成長が停止した日本で、デフレ克服と景気のテコ入れのため、東京五輪関連の公共投資がおこなわれるからである。さいわいにも、日銀のマイナス金利政策のおかげで、なんと15年物国債までマイナス金利となっている。

２０１６年7月の参議院選で大勝利した安倍政権は、東京五輪成功を大義名分にして、こころおきなく公共投資ができる。

政府は、なんと借金しているにもかかわらず、利子をもらえるからである。おかしな時代となったものである。だから、政府は、いくらでも国債を発行し、公共投資に必要な資金を調達できる。これが、「財政ファイナンス」といわれるものである。

その巨額の資金を提供するのは、かつてのドイツ・ライヒスバンクのように、日銀以外にはない。ドイツは戦争経済構築のためであったが、日本は公共投資（平和経済？）のためなので、まだましなのだろうか。

日銀は、すでに350兆円もの日本国債を保有している。これからも、毎年80兆円あまりの国債を購入するので、東京五輪までに400兆円のプラス、合計750兆円くらいになる。発行された国債の7割あまりも保有することになる。政府債務残高もこのままいけば、1300兆円をはるかに超えることになるだろう。

これだけ財政赤字が累積すると財政再建は不可能になる。結局は、インフレの亢進によって、預貯金者の犠牲のもとに財政赤字が事実上減少する。これをゆるすことが、日銀の完全敗北である。管理通貨制のもとでは、物価の（低位）安定の責任は中央銀行にあるからだ。日銀が、完全敗北をなんとしても回避しようとすれば、マイナス金利など資本主義の大原則を突き崩す金融政策をただちに放棄し、段階的に金利をプラス4％まで引き上げることが肝要である。

増加した預貯金金利による消費の拡大、利益をあげられない不良企業の淘汰、成長産業とイノベーションの群生による経済・産業構造改革、歳出削減による財政構造改革などが進展していくからである。

このようなことは、1929年世界大恐慌までは、恐慌によって推進された。これが恐慌の経済・産業構造改革機能である。ところが大恐慌以降、国家が恐慌の機能を停止させた。だから、不況が長引き、イノベーションがすすまず、潜在成長率も低下してきた。

日銀が金利を引き上げれば、「恐慌」の機能が発揮され、「強い経済」が構築される。

本書では、安倍政権のもとで、日銀がはじめた量的・質的金融緩和（異次元緩和）、マイナス金利政策とはなにか、その帰結というのはなにかをみたうえで、逆転の発想で、金融緩和ではなく、金利の引き上げこそ、「強い日本経済」を作り上げるということをあきらかにする。

本書の執筆にあたって、日本経済評論社の鴇田祐一氏には大変お世話になった。記して感謝の意を表する次第である。

２０１６年７月

日銀は政治に屈しない矜持をもて

相沢幸悦

目次

第1章　政府の軍門にくだった日本銀行

1　インフレ目標とはなにか

(1) インフレ目標の概念

インフレ目標の登場

現代では、消費者物価を低位に安定させることは、世界の中央銀行（中銀）共通の使命である。というのは、金と兌換しない不換〝紙〟幣が中銀から大量にマーケットに供給されるとインフレがすすむからである。インフレの亢進を阻止できるのは、中銀だけである。

中銀が物価の安定を実現するためにとる金融政策目標に、インフレ・ターゲットというものがある。本書では、インフレ・ターゲット（Target）をインフレ目標とよぶ。

日本政府は、インフレという用語がお嫌いのようで、物価安定目標とよんでいる。日本銀行

（日銀）もしかり。ただ、物価の安定ということだと、たとえ、消費者物価上昇率が10％で高止まりしていても目標達成ということになる。政治用語なのである。

インフレ目標というのは、中銀の金融政策目標として、物価上昇率に上限（たとえば４％）と下限（たとえば２％）を設定して、そこに変動幅を抑え込むよう金融政策を遂行するというものである。その実現のため、政府は、中銀に最大限の協力を約束する。

物価上昇率に下限を設定するのは、インフレをおさえようとして、金融を引き締めすぎれば、デフレにおちいってしまうからである。

じつは、中央銀行がデフレにするのは、さほどむずかしくない。政策金利を１００％に引き上げるとか、手持ちの短期国債を大量に銀行に売却して、資金を引き揚げるとか、市中銀行が中銀に預ける準備預金を激増させるとかで、あっというまにデフレにいたる。

したがって、物価上昇率が目標を下回る懸念がでてきたら、中銀は早めに、金融緩和や流動性の供給などをおこなって目標の範囲内におさめる。日本をみるまでもなく、いったんデフレにおちいったら抜け出すのは至難のワザだからである。

とはいえ、やはりインフレ目標で重要なことは、物価上昇率が目標とした上限を超えそうなときに、いかにして上昇をおさえるかということである。そのときには、中銀は、とりうる金融政策のすべてを投入して目標内に引き下げる。

政府と合意した目標が設定されているので、金融引き締めで政府と対立することはない。目標の設定にさいして、政府との対立があるかもしれないが、ひとたび物価上昇率の目標がきめられると、上限を超えるようなばあいには、政府は、中銀の金融政策に全面協力することがもとめられるからである。

政府は協力しないまでも、真っ向からは反対できない。

目標の上限を超えて物価が上昇するのが確実なのに、株価の引き上げや景気へのテコ入れや失業率を下げるために、政府は、金融緩和をつづけろとはいえないのである。これが、インフレ目標のもっとも重要なポイントである。

だれがインフレ目標をきめるか

中銀が、インフレ目標そのものを決定するのはおかしいという議論がある。

インフレ目標を中銀がきめて実行するとなると、中銀は、達成可能な範囲の目標しか設定しないからというのが主要な理由のようである。

だから、政府が経済・金融システム全般の状況を考慮してインフレ目標を決定し、中銀があらゆる金融政策手段を駆使して、全力で目標を達成すべきだとなるのである。中銀は、あくまでも金融政策の実行機関（現業？）にすぎないということなのであろう。

それは、外国為替相場への介入方法にもよくにている。為替介入というのは、財務大臣の専権事項である。日銀は、財務大臣（実際に決定するのは財務官）の指示にしたがって外国為替をマーケットで売買するだけである。

日銀が自前で外国為替の売買をおこなえないこともないが、明示的には為替介入の権限がないということになっている。インフレ目標の達成に、これは、いささか都合が悪い。

日銀がインフレをおさえようとすれば、通貨安による輸入インフレに十分留意しなければならないからである。日銀が2013年4月からすさまじい金融緩和をおこなって事実上の円安誘導をしたおかげで、輸入物価が高騰したことを想起する必要がある。

本来であれば、通貨安になって輸入インフレが懸念されるのであれば、中銀が自主的に為替介入をおこなわなければならない。

インフレ目標にしても、この間の日本のように、どんなにがんばっても1％への引き上げが限界だと日銀が主張しても、安倍政権によって2％のインフレ目標を押し付けられると、日銀に無理な緩和が強制され、経済・金融システムが大打撃をうけている。

政府と相談することは必要かもしれないが、金融政策のプロであるはずの中銀が、経済・金融システムに深刻な副作用をあたえずに、とりうる手段を最大限投入して実行可能な目標を設定しなければならない。

だから、現行の日銀によるインフレ目標の設定は、必要不可欠なことである。ただし、日銀が、政治から完全に独立した中銀であれば、だが……。

安倍政権の軍門にくだった日銀は、おそらく政府の圧力で消費者物価上昇率の下限２％という高い誘導目標を設定させられたのであろう。

本書で赤裸々にあばくように、その帰結はじつに悲惨だ。

中央銀行の政治からの独立性確保は、１９７０年代からインフレに悩まされた苦難の歴史の教訓から構築された大原則・理念なのだということを、セントラルバンカーである日本銀行員は肝に命ずべきである。かつてのドイツ連銀（中銀）をみよ！

破綻したインフレ目標

インフレ目標を採用している国はいくつかある。

たとえば、イギリスのイングランド銀行のばあい、消費者物価上昇率前年比２％を目標（ターゲット）とし、この目標を１～３％の範囲を超えると財務大臣に原因と対応策について公開書簡を提出する義務が課せられている。

もちろん、原因と対応策について説明すればいいだけのことである。よしんば、３％を超えても、金融引き締めによって景気が悪化するとか、ポンド高などが予想されるのであれば、３

％を超えても政府から対処を要請されることはない。

このインフレ目標について、米ハーバード大学ケネディスクールのジェフリー・フランケル教授による２０１３年5月23日付のエッセイは衝撃的である。タイトルが「インフレ目標政策の死」というものだからである。

そこでは、インフレ目標は、リーマン・ショックが発生した２００８年9月に死の宣告をうけたとのべられている（翁邦雄「金融政策のフロンティア—国際的潮流と非伝統的政策」日本評論社、２０１３年、参照）。

インフレ目標は、１９９０年3月にニュージーランドで誕生したが、それが成功すると、カナダやイギリス、オーストラリア、スウェーデン、イスラエルのほか、ラテンアメリカや発展途上国にも広がっていった。

それは、その透明性と説明のしやすさからであった。中銀は、インフレ目標とその結果について説明すればいいので、国民の理解をえやすい。

インフレ目標が2％なのに、結果が４％であれば、インフレをおさえることができなかったということで、じつに明快である。このばあいのインフレ率というのは、消費者物価上昇率のことである。

フランケル教授のいうとおり、インフレ目標は、リーマン・ショックが発生した２００８年

９月に最大の敗北をきっした。インフレ目標達成のみに注力していた中銀が、資産バブルに十分な注意をはらわなかったことがはっきりしたからである。

フレキシブル・インフレ目標政策

フランケル教授のいうインフレ目標政策というのは、短期間で消費者物価上昇率を目標の範囲内におさめることをめざすというものであろう。じつは、これは、狭義のインフレ目標政策といわれるものである。

ところが、消費者物価を目標にすると、たとえ資産バブルが発生しても、消費者物価が目標内におさまっていれば、資産バブルの抑制のために、金融引き締めをおこなうことができない。経済・金融システムが危機的な状況にあったとしても金融緩和ができない。

日本はもとより欧米の住宅バブル期には、消費者物価が安定していた。

そうしたなかでは、住宅価格と資産価格が上昇しても、金利の引き上げや金融引き締めをおこなうことの正当性を説明するのはかなりむずかしい。ニュージーランドの中央銀行総裁は、すでに、そのことを指摘していたという。

この指摘は、アメリカの住宅・資産バブルの生成と崩壊にあてはまるかもしれない。

アメリカの中央銀行であるＦＲＢ（連邦準備理事会）のバーナンキ前議長は、資産バブルが崩壊したら、それこそ「大胆な金融緩和」をおこなえばバブル崩壊不況に対応できるので、たとえ資産バブルが発生しても、金融引き締めをおこなう必要はないとかんがえていたようである。

ヨーロッパの欧州通貨制度（ＥＭＳ）の危機のようなことが想定されれば、インフレ撲滅のためにかんたんには金融引き締めをしてはならないのである。

したがって、現在では、この狭義のインフレ目標を採用する先進国は存在しない。

先にのべたとおり、イギリスのほかカナダなども、目標（ターゲット）という言葉をつかっているが、実際の政策運営は、消費者物価だけをターゲットにした狭義のインフレ目標で金融政策を遂行していない。

イングランド銀行は、２００７年4月以降、ちょくちょく物価目標からはずれて消費者物価が上昇しているので、何度も釈明の公開書簡を財務大臣に提出している。物価目標からはずれたら、そうしなければならないことになっているからである。

ただ、それだけのことである。

イングランド銀行は、消費者物価の上昇にはあまり頓着していないようである。世界経済・金融危機下でイングランド銀行は、物価が高騰しても、景気の減速に対応するために、マーケットに大量の資金を供給せざるをえなかったからである。

こんなときに、もし、消費者物価上昇率が目標を超えたからと、金融の引き締めなどおこなったら、それこそ「恐慌」が勃発してしまう。

このように、イギリス、カナダ、オーストラリア、ニュージーランド、スウェーデンなどの中銀は、インフレ目標政策の導入をみとめているが、実際には、消費者物価にかぎらず、さまざまな経済指標を考慮して、柔軟な政策判断をおこなっている。

これが、フレキシブル・インフレ目標政策といわれるものである。

したがって、アメリカ、ユーロ圏（ユーロを導入した国々）、スイス、そしてついこの間までの日本などは、狭義のインフレ目標政策を導入していることはみとめずに、ターゲットという言葉はつかっていない。フレキシブル・インフレ目標政策が世界の金融政策の主流だからである。

フランケル教授がいうように、欧米の住宅・資産バブル期に、資産価格が上昇していたにもかかわらず、中銀は、消費者物価目標の達成だけをめざして、金融引き締めをおこなうことはなかった。日本のバブル期もしかり。

だから、狭義のインフレ目標は、２００８年9月に、歴史の舞台から引きずりおろされたということになるのであろう。

現在、インフレ目標といわれるばあい、正確には、狭義の消費者物価目標ではなく、「実物・資産インフレ目標」および「経済・金融システム安定目標」を意味しているといえよう。

（2）日銀のスタンス

物価目標を拒みつづけた日銀

白川方明前日銀総裁は、狭義のインフレ目標の導入を頑として拒みつづけた。

それは、1980年代後半の不動産・資産バブルをふせげなかったというにがい経験があるからだろう。日銀は、狭義のインフレ目標を導入していなかったにもかかわらず、80年代末の不動産・資産バブルをおさえるべく、金融の引き締めをおこなわなかった。

もちろん、当時は、金融引き締めに転換すると円高がすすんでしまって、景気に悪影響をあたえるからだったが。

金融緩和政策をつづけたのは、資産バブル期に消費者物価がほとんど上昇せず、ゼロ近辺で安定していたからである。当時は、日銀には、資産インフレにも注意をはらって、金融政策をおこなうべきだという認識はほとんどなかった。

なにせ、資産インフレは、1920年代末にアメリカで発生して以来、先進国では経験していなかったからであり、その帰結がどんなに深刻なものか、だれも想定できなかった。

1970年代初頭の「日本列島改造バブル」で地価が高騰したが、じきに狂乱物価にみまわれ、地価が暴落しなかった。だから、銀行は、バブル崩壊によって不良債権をかかえることもなかった。これは、幸運というよりも、むしろ歴史の悲劇ともいうべきものである。

日本で不動産・資産バブルが崩壊し、平成大不況という長期不況におちいると、バブルを発生させた元凶は日銀であり、それまでの最低の公定歩合2・25％を、アメリカやドイツが引き上げても、長期にわたってつづけたからだと批判された。円高対応だったのに。

ようやくバブル潰しにとりかかったら、今度は、バブルが破壊されすぎて、不動産価格が暴落し、銀行が推計200兆円もの不良債権、100兆円あまりの損失をかかえた。

景気低迷への対処と銀行の不良債権処理のために、膨大な財政資金が投入された。

もしも、日銀が狭義のインフレ目標を導入していれば、政府から、ありとあらゆる金融政策の遂行をせまられたことは必定である。

日銀が、国債や株価等指数連動投資信託（ETF）や不動産投資信託（J－リート）等を大量に購入するなど非伝統的金融政策をとれば、資産価格は高騰するだろうが、消費者物価上昇率が2％にたっしなければ、引き締めをおこなうことなどゆるされるはずもないからである。

さぞかし、不動産・資産バブル再現の悪夢が日銀の脳裏をかすめることだろう。

2％のインフレ目標というばあい、通常は、2％以上の高いインフレ率を2％まで引き下げるというものである。デフレによる消費者物価上昇率のマイナスを、下からプラスの2％に引き上げるという事例を、われわれは寡聞にしてしらない。

ここで、深刻なことは、狭義のインフレ目標を導入すると、マイナスからプラス2％に引き上げるために、経済・金融システムにすさまじい副作用がおよんだとしても、なりふりかまわずメチャクチャな金融緩和をおこなわざるをえないことである。

諸外国のインフレ目標

かつて、ニュージーランドで消費者物価をマイナスから引上げた事例があるといわれているが、実態は、為替相場の切り下げのおかげで、輸入物価と消費者物価が上がっただけのことであった。中銀の金融政策のおかげではない。

デフレの解消は、通常の金融政策だけでは不可能である。だから、ありとあらゆる金融政策を投入せよとなるのであろうが、政府の成長政策が実行されなければ、デフレ脱却などとうてい不可能である。

さらに、いまのところ、欧米諸国の中銀は、デフレにおちいることを阻止しようとしてはいるものの、デフレから脱却のための金融政策はおこなっていない。

というよりも、本書でくわしくあきらかにしているように、そもそも、デフレというのは、現代の「恐慌」の現象形態なのであって、中銀の金融政策だけで克服できる代物ではない。政府による「恐慌」克服の経済政策が必要であるが、それでもむずかしい。

それにもかかわらず、インフレ目標を導入すれば、中銀から大量のマネーがでていくことになるので、方法をまちがえれば、実物・資産インフレが亢進するだけのことである。金融市場でも機能麻痺を引き起こしてしまう。

そもそも、アメリカの中銀である連邦準備理事会（ＦＲＢ）が採用しているのは、インフレ目標ではなく、ゴールである。欧州中央銀行（ＥＣＢ）が採用しているのも、２％近辺に物価上昇率を誘導するというものである。

アメリカＦＲＢもヨーロッパＥＣＢも採用していないインフレ目標を、どうして、わざわざ日本に導入しなければならないかということが、それまでの日銀の考え方だったのであろう。その考え方の正しさは、じきに歴史が証明した。

２　失った政治からの独立性

（１）総選挙での自民党の圧勝

白旗をかかげた白川前総裁

２０１２年12月16日に総選挙の投開票がおこなわれ、自由民主党（自民党）は、なんと２９４議席を獲得した。

安倍晋三自民党総裁は、総選挙圧勝の翌日、さっそく「日銀は、選挙結果をうけて適切な判断を」と発言し、12月20日の金融政策決定会合で、日銀に事実上の回答をだすように圧力をかけた。

自民党はたいして議席はとれないだろうと、タカをくっていたのであろうか、安倍氏に「喧嘩」を売ってきた白川前日銀総裁は震え上がったはずである。

総選挙投票日まで白川氏は、無制限の金融緩和をおこなえと圧力をかけてきた安倍氏に、金融政策だけでデフレの克服はできないと反論しつづけてきたからである。これは、まさに正論なのだが。

へたをすれば、インフレ目標はもちろん、為替相場の安定や雇用の確保まで義務付けられるだけでなく、「日本銀行法」改正（正確には改悪）で政府による日銀総裁解任権まで盛り込まれてしまう。それでは、戦前の軍国主義時代の「日銀法」に逆もどりしてしまう。

そこで、白川氏は、総選挙直後の２０１２年12月18日午後、「白旗」をかかげて、まだ首相にも就任していない安倍氏と会談すべく、わざわざ自民党本部に出向いた。

この会談直後の12月20日に開催した金融政策決定会合で、資産買い入れ基金を10兆円程度増額して、13年末までに総額１０１兆円程度に引き上げることを決定した。

「日銀が政治家の圧力に負けて、その軍門にくだった」、と後世の歴史家が記述するかもしれないのは、この金融政策決定会合で、「次回会合で日銀がめざす中長期的な物価安定（インフレ・ターゲット）について検討する」ときめたからである。

自民党安倍総裁の要請もふまえ

問題は、金融政策決定会合後の記者会見で白川氏が、「自民党の安倍総裁からの物価目標に関する検討の要請を踏まえ、次回1月の会合で検討し、結論を出したい」とのべたことである。狭義のインフレ目標の導入を明言したのである。

先進国の中央銀行総裁や議長が、記者会見という公の場で、政治の要請で金融政策を左右されたということを明言するのは、おそらく歴史上はじめてのことであろう。

こうして、日銀がインフレ目標の導入について翌年1月に結論をだすという「適切な判断」をしたその日の自民党の会合で、安倍氏は、「われわれが衆院選で訴えてきたことがひとつひとつ実現している」と勝ち誇ったような発言をしている。

日銀が「裏切らない」ように安倍氏は、２０１２年12月23日の民放のテレビ番組で、「次の（日銀の金融政策決定）会合で残念ながら、そう（物価目標の設定を見送れば）でなければ、日銀法を改正して、インフレ・ターゲットを、アコード（政策協定）を結んで設ける」と発言した。

さらに、なんと「雇用についても責任を持ってもらう」と、政府の経済政策の責任まで日銀に押し付けたのである。正気の沙汰ではない。

まさに、安倍氏は、日銀を政府の「経済政策」遂行の「別動隊」にしようとした。首相に就任するや「別動隊」どころか、日銀をもっぱらデフレ脱却という「経済政策」遂行の「突撃部隊（精鋭部隊？）」として投入した。だが、事態は泥沼化している。

（2）はじめてのインフレ目標の導入

インフレ目標の導入と共同声明

日銀は、２０１３年1月22日に開催した金融政策決定会合で、ついに２％のインフレ目標の導入と、日銀と政府との共同声明を発表することを決定した。

採決の結果は、賛成７票であったが、反対も２票あった。

金融政策決定会合では、

＊物価上昇率目標として２％を導入する、

＊２０１４年から期限を定めず資産を買い取る、いわゆるオープンエンド方式を採用する、

＊実質ゼロ金利政策と資産買い取り措置を、必要と判断する間はつづける、

＊14年から毎月長期国債２兆円をふくむ13兆円の資産を買い取る、

ことが決定された。

日銀と政府の共同声明の概要は、

＊デフレ脱却にむけて日銀と政府の連携を強化する、

＊日銀は、物価上昇率目標２％の早期の実現をめざし、金融緩和をつづける、

＊政府は、財政への信認を確保し、日本経済の競争・成長力強化にむけて取り組む、

＊経済財政諮問会議で金融政策と物価情勢を定期的に検証する、

というものである。

ここで、ついに日銀は、アメリカでもユーロ圏でもスイスでも導入していないインフレ目標、すなわち狭義のインフレ目標の導入に踏み切った。

だが、このときの政策決定には、巧妙な細工がしかけられていた。安倍氏は、物価上昇率２％達成する時期を明記するようにせまったが、日銀は、そこをあいまいにして「できるだけ早期に」ということで決着した。

そもそも、日銀が金融政策決定会合とおなじ日に発表した「経済・物価情勢の展望（展望レポート）」の中間評価では、追加金融緩和や経済対策を実行したとしても、２０１４年度の物

価上昇率は０・９％にすぎないとされていた。

したがって、本来であれば、「大胆な金融緩和」をおこなわなければならないのに、資産の買い取りは、２０１３年末までは、従来どおり１０１兆円で、14年の買い入れ資産も残高も１１１兆円程度と10兆円あまり増えるだけであった。

これでは、「大胆な金融政策」とはいえないし、２％のインフレ目標など達成できない。

毎月13兆円の資産を買い取るので、本来であれば、１５６兆円増えるはずである。10兆円しか増えないのは、それまで購入してきた資産、たとえば国債は３年以下の短期なので、償還がおこなわれるからである。

これでは、展望レポートによると、２０１３年度の物価上昇率は０・４％、インフレ目標を導入してうまくいっても14年の物価上昇率は、12年10月の見通しの０・８％から０・９％と０・１％のプラスにとどまるにすぎなかった。

ここでの決定は、２０１３年４月に任期切れとなる白川前総裁による政治にたいする最後の抵抗だったのだろう。

金融政策決定会合の議論

２％のインフレ目標の導入に賛成する審議委員の考え方は、次のようなものであった。

他の先進国がめざす物価上昇率である２％にそろえることが、長い目でみた通貨価値のバランスに役立つ。

政府が競争力・成長力の強化にむけた取り組みを強力に推進するもとで、２％の達成をめざして日銀が金融緩和を推進するというかたちで、政策当局者が一体となって取り組む姿勢を明確にすることが重要である。

このことにより、企業や家計の期待形成に働きかける効果もあるので、このタイミングで見直すことは意味がある。

インフレ目標の導入に反対する審議委員の考え方は、次のようなものであった。

第一に、消費者物価の前年比上昇率２％は、過去20年の間にほとんど実現したことがなく、そうした実績にもとづく現在の国民の物価感をふまえると、２％は、現時点における「『持続可能な物価の安定』と整合的と判断される物価上昇率」を大きく上回るとかんがえられる。

第二に、そのため、現状、中央銀行が２％という物価上昇率を目標としてかかげるだけでは、期待形成に働きかける力もさほど強まらない可能性が高く、これをいきなりめざして政策を運営することは無理がある。

第三に、２％の目標達成には、成長力強化にむけた幅広い主体の取り組みがすすむ必要があるが、現に取り組みがすすみ、その効果が確認できる前の段階で２％の目標をかかげたばあい、その実現についての不確実性の高さから、金融政策の信認を毀損したり、マーケットとのコミュニケーションに支障が生じるおそれがある。

このような考え方で反対意見をのべたのであるが、金融界出身で金融緩和派と目される審議委員2名が政府から送り込まれていたはずである。ところが、この2名の審議委員は、2%のインフレ目標を導入する政策決定会合での決定のさいになんと反対票を投じた。

「やれることは何でもやって」も、2%に消費者物価が上昇するはずがないというのがその理由である。きわめてまっとうな反対である。この2名は金融業界出身で、長きにわたるデフレの深刻さをよくしっていたからであろう。

もちろん、インフレ目標導入に賛成した審議委員による、政府の競争力・成長力の強化への取り組みと一体となってはじめてインフレ目標を達成できるという考え方は、それ自体は正論である。

金融政策は、あくまでもインフレ目標達成の補助的な役割をはたすだけだからである。

だが、安倍政権は、旧態依然たる公共投資はおこなうものの、いまでも競争力・成長力強化の経済政策を策定・実行はできていない。ほとんど経済政策による援護がなく、金融政策だけなので、経済・金融システムとマーケットは、深刻な副作用にくるしめられている。

３　量的・質的金融緩和の導入

（１）異次元緩和

リフレ派総裁・副総裁の就任

２０１３年１月22日におこなわれた金融政策決定会合での決定は、とうてい「大胆な金融緩和」などとはいえないのに、安倍氏は、共同声明を「画期的」と歓迎した。おそらく、インフレ目標を導入させたことで満足したのであろう。

もしかしたら、安倍氏は、任期切れせまる白川前総裁のセントラルバンカーとしての矜持に配慮したのだろうか。もちろん、そんなことはあろうはずもない。

安倍氏は、どうせ白川氏は、４月８日に総裁任期切れになるので、次期総裁は、「大胆な金融政策」を遂行する人物をあてればいいとかんがえたのであろう。

白川氏は、１月22日の金融政策決定会合後の記者会見で、２％の物価上昇率の達成には、日銀の金融緩和とならんで、政府の経済成長力強化の努力が必要であると強調した。金融政策だけでデフレの脱却などできやしないといいたかったのである。

こうしたなかで、白川氏は２月５日、任期満了をまたずに、二人の副総裁の任期切れとなる３月19日にあわせて辞職する意向を安倍首相につたえた。これは、日銀にすさまじい政治的圧力をくわえた安倍氏への抗議の辞任だったのかもしれない。

黒田東彦氏もおこなったが、3月5日に副総裁候補の岩田規久男氏が国会で所信をのべた。岩田氏は、「物価目標はおそくとも2年で達成できるし、達成できなかった場合の最高の責任の取り方は職を辞することだ」と、踏み込んだ発言をした。

なんと、国会という公式の場で、消費者物価上昇率を2年の間に2％に到達させられなければ、副総裁を辞任すると宣言したのである。

かくして、2013年3月19日に黒田氏が日銀総裁に、日銀は「デフレの番人」だとはげしい日銀批判を繰り広げてきた岩田氏が副総裁に就任した。

日銀は、日銀プロパーの中曽宏氏を副総裁に押し込むことに成功したが、これは日銀のひさびさの「勝利」だったのかもしれない。

かくして、日銀は、2013年4月3・4日に新総裁・副総裁のもとで最初の金融政策決定会合を開催した。ここで、すでに決定されていた資産買い取り額の増額と14年からとされていた「無期限」の買い取りをただちに開始することが決定された。

いよいよ、黒田・岩田体制のもとで、2年間のうちに2％のインフレ目標（物価安定目標）の実現にむけて「大胆な金融緩和」が実行されることになったのである。

「量的・質的金融緩和」に踏み込んだ黒田日銀

日本銀行は、黒田体制のものではじめての金融政策決定会合で、むこう2年間で消費者物価上昇率２％を実現するために、次のような「量的・質的金融緩和」の導入を決定した。

＊物価目標２％を、２年程度を念頭にできるだけ早期に実現する。

＊政策目標を従来の無担保コール翌日物金利からマネタリーベースに切り替え、２０１２年末の１３８兆円から13年末２００兆円、14年末２７０兆円と2年で2倍にする。

＊長期国債の保有残高を年間50兆円ずつ積み増していく。

＊期間40年債の超長期債まであらゆる償還期間の国債を購入し、国債の平均残存期間を3年弱から7年程度まで伸ばす。

＊資産買入基金を廃止し、国債の購入を一本化する。そのために、「銀行券ルール」を一時停止する。

＊ＥＴＦの買い入れを年間1兆円、リートの買い入れを年間３００億円増加する。

黒田日銀新総裁は、決定会合後の記者会見で、この「量的・質的金融緩和」は、次元のちがう金融緩和、すなわち「異次元緩和」であるとのべた。

大量の長期国債を購入することになったので、5日に長期金利は一時0・315%と、それまでの史上最低を更新した。2012年の後半、欧州債務危機が深刻化するなかで大量の資金が流入したスイスの長期金利0・39%を下まわった。

世界史上の最低の長期金利は、1619年にイタリアのジェノバで記録された1・125%であった。じつに400年ぶりのことである。まさに、非伝統的金融政策を超えた中央銀行による「異次元緩和」(というより「非常識」緩和)なのであろう。

黒田氏は、元大蔵省財務官で外国為替政策を担当した。だから、為替相場に対応する発想で「金融政策」を遂行しているようにみえる。

世界の外国為替取引額は、一日にじつに300兆円であり、しかもそのうち95%は為替売買で利益を上げようとする投機取引である。

外国為替政策では、為替介入というのは最後の手段である。ほとんどは、為替が高すぎると警告するとか、為替介入を示唆するとか、マーケットにたいする「口先介入」である。マーケットの「期待」にはたらきかける方法がとられる。

もちろん、円が高くなりすぎたら、ドルとかユーロとかを買って円を売ればいいし、安くなったら円を買えばいい。日本単独でおこなうことはむずかしいが、これが為替介入である。ようするに、為替介入によって、為替相場を操作できるということである。

この感覚で金融政策を遂行すると大変なことになってしまう。

２０１６年1月に黒田氏は、マイナス金利はやらないと国会で断言し、その舌の根もかわかないうちに、突如としてマイナス金利を導入したが、これでは、マーケットの信頼を完全にうしなってしまう。

さらに、「異次元緩和」から引き締めに転換するいわゆる「出口戦略」を遂行しようとすれば、長期金利が上昇して景気が後退するし、資産バブルが崩壊すると深刻な不況にみまわれる。

したがって、黒田日銀の前途というのは、けっしてあかるいものではなかった。この危惧は、その後の展開で現実のものとなってしまった。日本経済も金融システムも金融市場も、滅茶苦茶になっているからである。

金融政策決定会合での議論

ここで、日銀の総裁・副総裁と審議委員は、２０１３年1月の会合で決定した消費者物価の前年比2％上昇というインフレ目標（物価安定目標）をできるだけ早期に実現するのが使命であるとの認識をあらためて共有した。

従来のような漸進的アプローチから転換し、それまでのような戦力の逐次投入をしないという。なぜなら、2年程度で2％のインフレ目標を達成できるだけの十分な手を打ったからであるという。だが、しかし……。

異次元緩和の導入に賛成する審議委員の考え方は、次のようなものであった。

これまでも包括的な金融緩和のもとで、相当規模の金融緩和を実施してきたが、なおデフレ脱却にいたっていないことから、物価安定の目標をできるだけ早期に達成するためには、量と質の両面で、これまでとは次元のちがう金融緩和をおこなう必要がある。

2％の物価安定の目標の実現に必要な政策は、すべて決定したとマーケットに受け取られるように、インパクトある規模の政策とすることが重要である。

異次元緩和の導入に反対する審議委員は、次のような考え方をもっていた。

2年程度という物価安定の目標の具体的な達成期間をしめすのは、目標達成への不確実性などをふまえるとリスクが高い。

資産買い入れがインフレ期待を引き上げる効果には、不確実性が高い。

副作用として、過度な金利低下のもとで、①金融機関の貸出意欲がかえって減退すること、②金融機関が収益確保のために、保有債券のデュレーションを延長し、その結果として、金融システムが金利上昇にたいして脆弱になること、③生保・年金基金などの機関投資家の運用が圧迫される可能性があること、などがあげられる。

また、①財政ファイナンスの観測を高める可能性、②市場機能が大きく損なわれる可能性、③金融市場で大規模な資産購入の実現可能性に疑問がもたれ、政策効果が減じる可能性についても十分認識する必要がある。

反対する審議委員の見解のなかでも、次の指摘は、きわめて重要である。

ひとつは、日銀の財務の健全性維持のため、政府との間での損失補填ルールについても検討に値するのではないかという意見がでたことである。

従来、「日本銀行法」には、政府による損失補填規定があったが、1998年の法改正で削除された。だから、日銀は、損失を増やさないために、国債の価格低下・長期金利上昇を、なんとしても回避しなければならないということを主張したのであろう。

もうひとつは、相応にリスクの高い前例のない規模の資産買入れをおこなうことになるので、2年間程度を集中対応期間と位置付けて、その後の政策の柔軟性を確保したうえで、今回の金融緩和措置を導入するのが適当であるという意見がでたことである。

異次元緩和というのは、大胆な金融緩和をおこなって、ひとびとのインフレ期待を高めるというものなので、短期決戦でなければならないという主張なのであろう。

その後の顛末は、異次元緩和に反対する審議委員の主張が正しかったことを実証している。このことは肝に銘じておく必要がある。

（2）異次元緩和の弊害

マネタリーベースの拡大

この大胆な金融緩和というのは、さまざまな問題をはらんでいる。ひとつは、マネタリーベース（銀行が日銀に保有する当座預金と日銀券・貨幣の合計）を2年間で一気に2倍にするということである。

岩田副総裁は、かつて次のように日銀を批判していた（岩田規久男「日本銀行 デフレの番人」日本経済新聞出版社、２０１２年）。

「『中央銀行が物価安定の達成にコミットした上で、流動性（マネタリーベース、準備預金、超過準備預金など）を適正に供給すれば、民間の中期的予想インフレ率を目標インフレ率近辺に維持し、それによって、実際のインフレ率も目標水準に維持できる』ことを日銀が理解していない。」

本当にインフレ率が2％になるのか、ということもさることながら、そもそも、それまでの金融緩和をすすめても、マネタリーベースは、１９０兆円程度までしか増えないはずである。マネタリーベースを増やすことは、それほどかんたんではないのだ。

だから、異次元緩和なのであろう。しかも、銀行に80兆円もの資金が余分に投入されることで、第一回目の量的緩和時とおなじように、マネーマーケットが機能不全におちいることは明々白々であった。

マネタリーベースを増やしたとしても、じつは、当時の90兆円あまりの流通現金は、2年間でほとんど増えなかった。銀行が、日銀当座預金を引き出して、ドンドン貸出に回すということはかんがえられないからである。

日銀の国債買い占め

もうひとつは、長期国債をふくめてあらゆる期間の国債を2年間で１００兆円購入し、長期金利を引き下げようとしたことである。

日銀が大量の長期国債を購入するということで、一時、国債利回りが０・３１５％から０・6％台と乱高下し、異次元緩和決定から1週間で5回も売買一時停止措置が発動された。

このように一時混乱したが、それは、マネーマーケットもふくめて、「市場を人為的に操作しようとする黒田日銀の手法に対する市場の警告」（「日本経済新聞」２０１３年4月8日）だったのであろう。

日銀は、それまで毎月発行される国債の4割あまりを購入していたが、これがじつに7割（7兆円強）まで引き上げられた。主要な国債投資家である銀行に国債を買わせないという宣言だったのであろう。

そうすると、おのずと銀行は、企業への貸出を増やすはずだというわけである。だが、優良な貸出先がないなかで、銀行がそんなことをするはずがない。

おなじく主要な国債投資家である生命保険会社は、円安がすすむなかで外国証券への投資を拡大していった。

日銀が国債を買い占めることで、国債価格が上昇し、高すぎて買えなくなってきた。そうすると、銀行は、株式投資やＥＴＦやＪ－リートなどへの投資を増額するはずである。その結果、不動産・資産インフレが亢進し、資産バブルにいたるであろう。

ここで深刻な問題は、異次元緩和を遂行するうえで桎梏となる「銀行券ルール（保有長期国債を日銀券流通残高の範囲におさえる）」が一時停止（というより無期限）されたことである。

この日銀の自主規制は、政府が国債発行によって安易に資金調達ができる財政ファイナンスとマネーの過剰供給によるインフレの亢進を回避するためのものであった。このルールの停止によって、ついに実物・資産インフレ亢進の危機がせまってきた。

さらに、国債の平均残存期間が３年弱から７年程度まで伸ばされたことによって、もしも、消費者物価が２％を超えたばあいに、金融引き締めへの転換、出口戦略を遂行することがむずかしくなった。

保有国債の残存期間が３年弱であれば、償還がすぐにくるので、引き締めをおこなうにしても保有国債を売却することなく、残高を減らすことができる。

しかし、７年程度では、償還がくる前に売却しなければならないので、長期金利が上昇し、マーケットに大きな影響をあたえる可能性がある。

不動産・資産バブルの可能性

三つ目は、ＥＴＦとリートの買い入れ額の増加もきめられ、不動産・資産バブルがはげしくなる可能性が高いことである。

今後、さらに金融緩和をすすめていくとなれば、ＥＴＦとＪ-リートの買い増しをすることになる。のこされた「できることは」これくらいのものだからである（ところが、「できない」はずのマイナス金利という非常識な金融政策まで導入したが）。

というのは、黒田氏が、金融政策決定会合後の記者会見で「従来のような段階的な緩和では不十分だ。現時点で必要な措置をすべて講じた」とのべたからである。ようは、異次元緩和というのは大胆な金融緩和の打ち止めだ、ということだったはずである。

異次元緩和が導入されるとさすがに円安と株高がすすんだ。もちろん、日本の貿易赤字などで、すでに円安に転換する客観的な条件はととのっており、大胆な金融緩和を契機に投資家がいっせいに円売りに転換しただけのことであった。

マネタリーベースの増加も国債の購入も、マーケットの期待にたいする「満額回答」ではなかった。なんと、「満額を超えた回答」だったのである。ところが、残念なことにマーケットは、これをすべて織り込んでしまった。

したがって、世界経済が変調をきたすとか、円高にふれるとか、株価が下落するとかが発生すれば、マーケットは、さらなる金融緩和をせまる「催促相場」となることあきらかであった。その後のマーケットの展開は、そのことを如実にしめしている。

このときに本当に必要だったのは、すでに円安と株高がすすんでいたので、異次元緩和ではなく、「同次元緩和」であった。中銀の重要な使命は、インフレの抑制はもちろん。景気の過熱をおさえることや実物・資産インフレの芽を事前につむことにあるからである。

マーケットが、より多くの金融収益を獲得するために、さらなる異次元緩和をせまることは必定であった。そうすると、国債とＥＴＦとＪ－リートの買い増しをつづけなければならない。もちろん、この当時は、マイナス金利の導入など、かんがえられないことであった。

ＩＭＦの警告

２０１３年４月に国際通貨基金（ＩＭＦ）は、世界金融安定報告の分析編で世界の中銀が、世界金融危機後に打ち出した大規模な金融緩和について、短期的には、銀行部門の弱点をおぎなう効果はあるが、中長期的には、金融を不安定させる恐れがあると警告した。

金融緩和によって、急激なインフレが引き起こされる可能性は低いものの、インフレを抑え続けるには、中銀が政治からの独立性を保持すること、信用を維持することがカギであると指摘した。これは、きわめて正論である。

２００８年のリーマン・ショック後の景気後退で、失業率は急上昇したものの、物価は安定的に推移した。ここに過去の景気後退とのちがいがあるが、その要因として、中銀への信認の向上やインフレと失業率の相関関係が希薄になったことがあげられる。

さらに、金融緩和策が長引くと、銀行が中銀の資金提供にたより、財務の健全化がおくれて信用リスクが高まる。

日本については、日銀が日本国債の10％程度を保有することについて、金融緩和から引き締めに転換するいわゆる「出口戦略」が複雑化することを懸念した。

もちろん、ＩＭＦの報告書は、日銀や米中銀（ＦＲＢ）による積極的な金融緩和について、適切な金融引き締め策をおこなえるような柔軟性が必要であるものの、将来のインフレを懸念して積極的な金融緩和をさまたげるべきではないとしている。

日銀の異次元緩和によって、消費者物価上昇率２％が実現できなければ、安倍政権は、さらなる政治的圧力を強めることは火を見るよりあきらかであった。

第二次安倍政権の登場以来、日銀の政治からの独立性はいちじるしく侵害されてきた。政府と日銀は、不動産・資産バブル（資産インフレ）が発生しないように慎重に対処しながら、実物インフレの亢進をなんとしても阻止しなければならないはずなのに。

政治家は、このＩＭＦの警告を真摯に受け止めなければならない。

第2章　前代未聞のマイナス金利の導入

1　マイナス金利導入の決定

(1) 日銀初のマイナス金利

5対4の薄氷をふむ決定

２０１６年1月29日、日本銀行は、金融政策決定会合において、ついに日銀初となる前代未聞のマイナス金利の導入を決定した。この決定会合では、総裁・副総裁と審議委員９人のうち、なんと４人の審議委員が反対票を投じた。

銀行が日銀に預ける一定の当座預金に、２月16日からあらたに預ける分についてマイナス０・１％の金利を付すというものである。

資本主義では、資金借入者が利潤の一部を金利として、資金提供者である預金者に支払う。

ところが、マイナス金利というのは、資金を預ける方が金利を支払うというものであり、利潤の一部を利子として支払うという資本主義の大原則を否定するものである。

こうした重要な政策決定会合での僅差による決定というのは、追加異次元緩和を決定した2014年10月31日以来のことである。

やらないといった追加異次元緩和や資本主義の大原則を突き崩すようなマイナス金利政策を僅差で決定するなどということは、中銀としては、けっしておこなってはならないことである。たとえ、ヨーロッパの中銀がおこなっているとしても、である。

執行部の提案が、1票ひっくり返るだけで否決されてしまうような決定をしてはならない。もしも、否決されれば、ひとびとやマーケットによる中銀にたいする信認は地に落ちてしまう。中銀への不信というのは、発行する通貨への信頼が低下するということ、すなわちインフレの亢進だから。

マイナス金利適用スキーム

日本銀行当座預金のマイナス金利適用スキームは、銀行が日銀に設定している当座預金を3段階の階層構造に分割し、それぞれの階層に応じてプラス金利、ゼロ金利、マイナス金利を適用するというものである。

図1　三段階の階層構造

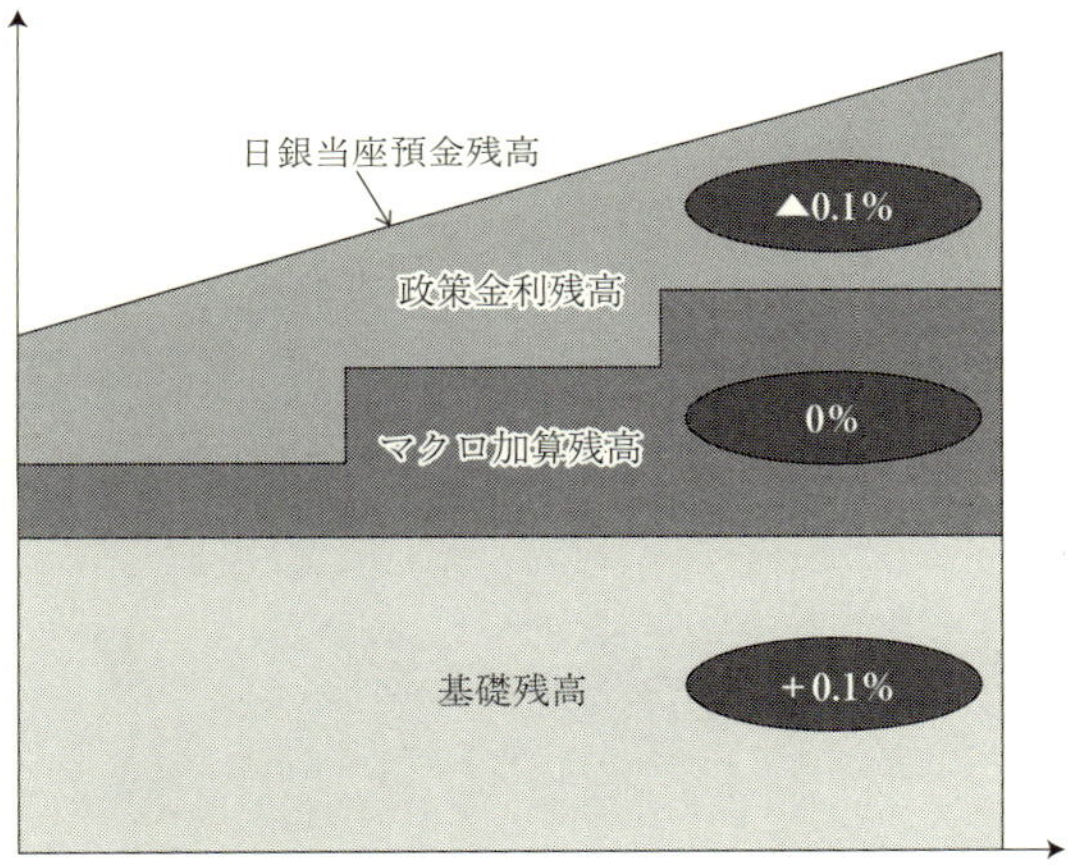

（出所）日本銀行。

3段階の階層構造というのは、次のとおりである（図1、参照）。

〈第一段階〉

基礎残高にプラス0・1%を適用する。異次元緩和のもとで各金融機関が積み上げた既存残高については、従来どおり。

〈第二段階〉

マクロ加算残高にゼロ%を適用する。具体的には、①所要準備額に相当する残高、②金融機関が貸出支援基金および被災地金融機関支援オペにより資金供給をうけているばあいには、その残高に対応する金額、③日銀当座預金残高がマクロ的に増加することを勘案し、マクロ加算額を加算した部分。

〈第三段階〉

政策金利残高にマイナス０・１％を適用する。各金融機関の当座預金残高のうち①②を上回る部分。

〈マイナス金利の継続〉

日銀は、２％の物価安定目標の実現をめざし、これを安定的に持続するために必要な時期まで、「マイナス金利付き質的・量的金融緩和」を継続する。

これがマイナス金利適用スキームであるが、日銀は、階層構造にしても、金融市場にたいしてはマイナス金利としての効果を有するという。

その根拠は、次のとおり。

金利・株価・為替相場など金融取引価格は、あるあたらしい取引をおこなうことにともなう限界的な損益によって決まる。

マイナス金利がすべての当座預金残高に適用されなくても、限界的な増加部分にかかれば、あたらしい取引によって当座預金が増えることにともなうコストはマイナス０・１％である。

金融市場では、それを前提として金利や相場形成がなされる。

マイナス金利政策導入の意図

日銀は、マイナス金利政策導入の意図について、次のようにのべている。

> わが国の景気は、企業部門・家計部門ともに所得から支出への前向きの循環メカニズムが作用するもとで、ゆるやかな回復をつづけており、物価の基調は着実に高まっている。
>
> もっとも、このところ、原油価格のさらなる下落、中国をはじめとする新興国・資源国経済の先行き不透明感などから、金融市場は、世界的に不安定な動きをしている。
>
> そのため、企業の景況感の改善やひとびとのデフレマインドの転換がおくれ、物価の基調に悪影響がおよぶリスクが拡大している。
>
> こうしたリスクの現実化をふせぎ、物価安定目標を実現するために、「マイナス金利付き質的・量的金融緩和」を導入した。
>
> 日銀当座預金金利をマイナスにすることによって、イールドカーブの起点を引き下げることができる。これに、大規模な国債買い入れとあわせることで、金利全般により強い下押し圧力をくわえることができる。

この枠組みは、従来の「量」と「質」に「マイナス金利」をくわえた三つの次元で、追加的な緩和が可能なスキームである。したがって、「マイナス金利付き質的・量的金融緩和」によって、2％の物価安定目標の実現が可能である。

図2　わが国の消費者物価

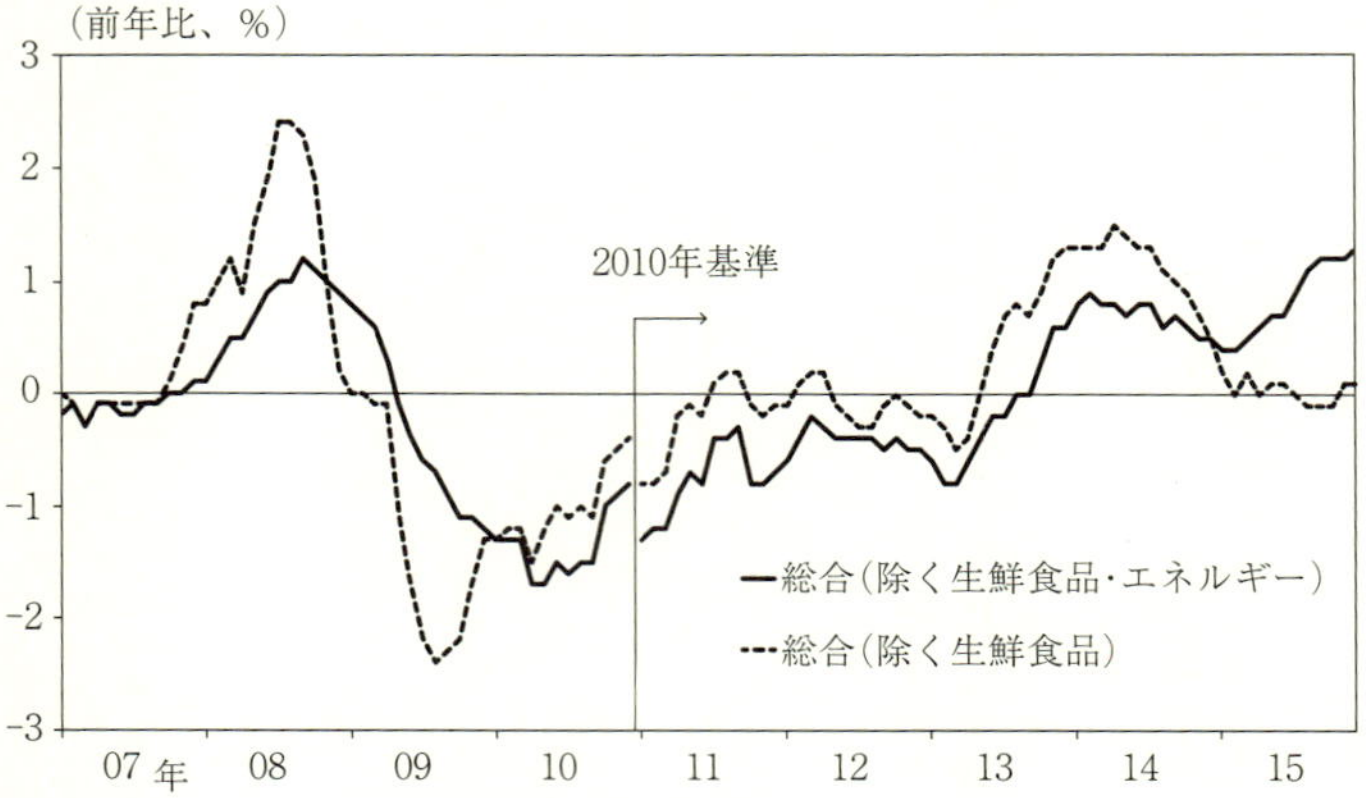

（注）消費税率引き上げの直接的な影響を調整（試算値）。
消費者物価指数（総合除く生鮮食品・エネルギー）は、日本銀行調査統計局算出。
（資料）総務省。
（出所）日本銀行。

黒田氏は、２０１６年２月３日に「きさらぎ会」でおこなった講演で、「マイナス金利付き質的・量的金融緩和」は、「これまでの中央銀行の歴史のなかで、おそらく最も強力な枠組みで」あるとのべている。

マイナス金利は、緩和手段の限界を露呈しているという批判にたいし、「果たすべき目的のために必要であれば、そのために新しい手段や枠組みを作っていけばよい」、「追加緩和の手段に限りは」、なく「日本銀行は、今後とも、金融政策手段のイノベーションに取り組」むとのべている。

２％のインフレ目標の実現のためならば、日本経済やマーケットがどうなろうとも、どんなことでもおこなうと宣言したのであろう（図２、参照）。

大銀行による小口預金の排除

三菱東京ＵＦＪ銀行は、さっそく日銀のマイナス金利政策に対応するために、大企業や金融機関などの普通預金に口座手数料を課すことの検討を開始したという（「日本経済新聞」２０１６年２月３日）。

ただし、中小企業や個人にたいしては、定期預金金利の金利引き下げはおこなうが、口座手数料の導入は見送るという。

三菱東京ＵＦＪ銀行の預金残高は、２０１５年12月末で１２８兆円あまりである。

企業業績が好調であるため、年間６兆円のペースで預金が増えているという。増えた預金を日銀当座預金においておけば、日銀から０・１％の金利を徴収されてしまう。

預金が増加すると収益の悪化につながるので、増加をおさえる必要がでてきたのであろう。そのために、法人の大口顧客などの普通預金に口座手数料を課し、受け入れを抑制することになったというのである。

預金金利よりも手数料が多ければ、事実上のマイナス金利となる。

ヨーロッパでもマイナス金利分の手数料を徴収している銀行があるようだが、法人や富裕層が中心であるといわれている。ただし、個人預金からも手数料を徴収している中小銀行があるともいう。

もしかしたら、大銀行は、「災い転じて福となす」ではないが、マイナス金利導入を絶好のチャンスとばかりに、小口預金の排除を画策するかもしれない。

大銀行は、1000円や1万円のような小口預金でも受け入れている。小口預金は、利益よりもコストのほうが高いので、本来は、受け入れたくないというのが本音だからである。

(2) 為替操作のマイナス金利

諸外国のマイナス金利

日銀がゼロ金利制約を打破し、マイナス金利という奇策を打ち出すことができたのは、日本ではじめてであったとしても、世界初ではなかったからであろう。

世界ではじめて、マイナス金利政策を導入する度胸など黒田日銀にあろうはずもない。5対4という僅差でゴリ押しして、世界ではじめてマイナス金利を導入して、大失敗したら、すべての責任は黒田日銀総裁、ということになってしまうからである。

スウェーデン・リスクバンク（中銀）は、２００９年７月マイナス金利政策を導入したが、12年７月には、デンマーク国立銀行（中銀）がつづいた。それは、ユーロにたいするデンマーク・クローネ高を抑制するためである。

２０１４年６月に欧州中央銀行（ＥＣＢ）が、12月にはスイス国立銀行（中銀）がマイナス金利政策の導入を決定した。

スイス国立銀行は、２０１５年１月に対ユーロで設定していた自国通貨の上限を撤廃すると、スイス・フランが暴騰する「スイス・フラン・ショック」にみまわれた。そこで、同月にマイナス金利政策が実施されるとともに、為替介入がおこなわれるようになった。

このように、ユーロを導入しないヨーロッパのなかで強い通貨を有する国々の中央銀行が相次いでマイナス金利の採用に追い込まれたのは、自国通貨が対ユーロで上昇することを回避するためであった。

スイスでは、マイナス金利にもかかわらず、２０１５年に消費者物価上昇率が１・１％低下した。しかも、通貨高をおさえることはできなかった。

デンマークでは、通貨高がおさえられたものの、住宅ローン金利の低下やマイナス金利の住宅ローンまで登場し、不動産バブルが発生したので、２０１５年11月から不動産融資規制をおこなっている。

スウェーデンでも、不動産価格の上昇がつづいている。

マイナス金利政策の効果というのは、せいぜい不動産・住宅価格の上昇くらいのものなのである。

ＥＣＢのマイナス金利政策

小国ばかりか、ユーロ圏の中央銀行である欧州中央銀行（ＥＣＢ）までもが、マイナス金利政策を導入したことが、日銀に非常識な金融政策の導入を安易に決定させる動機となったのではなかろうかとかんがえられる。

もしそうだとしたら、それは、とんでもない考え違いである。ユーロを導入した国で構成されるユーロ圏と日本では、政治・経済システムが根本的にことなっているからである。

ユーロ圏では、構成国が通貨主権以外の国家主権を有している。本来は、金融政策は、成長戦略とセットにならなければ十分な効果を発揮できない。ところが、成長戦略は、構成国政府にゆだねられている。

したがって、ＥＣＢは、金融政策でユーロ圏の景気をささえなければならない。金融政策で経済成長を促進しようとすれば、大胆な金融緩和によるユーロ安政策しかない。

ところが、２００９年10月のギリシャの財政危機の発覚によって、労せずしてユーロ安に大転換した。このときには、ＥＣＢは、特段の政策をとらなくても、ドイツをはじめとして景気が高揚した。

三次にわたるギリシャへの金融支援が終了し、ギリシャ危機が小康状態にいたると景気が低迷してきた。ドイツは、ヨーロッパ諸国に景気回復のための財政出動には頑として反対するばかりか、むしろ逆に、財政赤字の削減のために緊縮財政を押し付けてきた。

だから、ＥＣＢは、ユーロ安誘導によって、輸出を促進し、景気を高揚させるべく、金融緩和をすすめるとともに、ついには、マイナス金利政策まで導入せざるをえなかったのである。

「賞味期間」わずか２日

日銀のマイナス金利政策の導入も、あきらかに円安に誘導するためのものであった。

２０１４年10月に量的緩和（ＱＥ）を、15年12月に事実上のゼロ金利政策を解除したアメリカであったが、16年にはいってからの世界的な株安で、利上げが先延ばしになるとの憶測から、円高がすすんでいたからである。

安倍政権のもとで、消費者物価上昇率がようやくプラスになり、株価が上昇したのは、日銀の異次元緩和により、円安に大転換したからである。経済関係で安倍政権のやっていることといえば、事実上、公共投資（軍備拡張をふくめて）くらいのものである。

だから、そもそも「アベノミクス」というのは存在しないのである。

1ドル120円前後のボックス圏にあった円ドル相場が、2016年にはいると円高基調に転換した。そうすると原油価格の下落と円高のダブルパンチで2％のインフレ目標の達成など、日銀にとって「夢のまた夢」となった。

そこで、ヨーロッパで自国通貨高の是正や自国通貨安のために導入されたマイナス金利政策に飛び付いたのであろう。もちろん、マーケットで買う国債もなくなってきて、異次元緩和なるものもすでに限界にきていたからでもあった。

円安誘導がねらいなので、1月29日にマイナス金利導入が発表されると、たしかに円安にもどった。ところが、株式市場は乱高下した。マイナス金利が経済・金融システムと景気にどのような影響をもたらすか、マーケットが読み切れなかったからである。

もちろん、金曜日に発表されて土日を経過し、週があけるとマーケットも冷静になった。

日銀がマイナス金利政策を導入したところで、新興国経済の不振、とりわけ中国経済の目を覆うような景気後退、原油価格暴落による資源諸国の経済的苦境、エネルギー企業の経営悪化、ヨーロッパ経済の低迷、アメリカでの中銀マネーの収縮などは好転しない。

世界のマネーが、質への逃避として、あくまでも幻想であるが、相対的に安定し、安全といわれる円にあつまるのはとうぜんのことであろう。

マイナス金利の導入が発表されると、１ドル１２１円台半ばまで３円あまり円安になったが、日米金利差などよりも、資産保全のための円買いの基調はかえられず、すぐに円高基調にもどった。

株価も下落した。とくに、マイナス金利政策で銀行の収益構造が悪化するので、銀行株の下げがはげしかった。マイナス金利の導入が発表されると、日経平均は、２営業日間で８２３円上昇したが、その後の２日間で６７３円下落した。

効果はきわめて短命であったが、ひとびとの混乱は、尋常ではない。インフレ目標２％実現のためとはいえ、日銀も罪なことをするものである。

海外の反応

日銀によるマイナス金利政策の導入にたいする海外の反応にはきびしいものがある（「日本経済新聞」２０１６年1月31日）。

２０１６年2月29日のアメリカのウォールストリート・ジャーナル（電子版）は、社説でマイナス金利の効果に疑問をていし、次のように批判している。

「黒田東彦総裁は金融市場に与えるサプライズを使い果たした。」

「安倍晋三首相が取り組む構造改革も時間切れになっている。三年間、財政出動で浪費した。」

イギリスのファイナンシャル・タイムズは、「日本がマイナス金利クラブに加入」したが、「新たな通貨安競争の懸念を引き起こす可能性がある」と指摘している。

国際決済銀行（ＢＩＳ）は、２０１６年３月６日に公表した四半期報告書で金融緩和の副作用を指摘した（同紙、２０１６年3月8日）。

銀行が余剰資金を中銀に預けたさいに適用されるマイナス金利について、「家計と企業がどのように行動するか不透明」で、政策効果などに「多くの疑問が残る」としている。

ＢＩＳのボリオ金融経済局長は、各国中銀の金融緩和がマーケットの混乱の遠因になったという。

ヨーロッパで銀行株などが急落したのは、「低金利で利ざやなどが大きく低下するとの連想が働いたため」であり、日銀のマイナス金利政策の導入で、「この心配が広がった」とかたっている。

国際通貨基金（ＩＭＦ）は２０１６年４月12日、日銀やＥＣＢが導入したマイナス金利政策の評価報告書を公表した（同紙、２０１６年４月12日）。

マイナス金利政策は、「金融刺激の効果はあるが、幅や期間には限界がありそうだ」として、リスクや副作用に懸念をしめした。

とくに、銀行は、「利ざやの圧縮で収益」が圧迫される可能性があるし、「生命保険会社などの経営も悪化する」と指摘している。

国内の反応

日本でも、全国地方銀行協会の中川洋常務理事などから、きびしい批判がだされている（「日本経済新聞」2016年2月5日）。

日銀の異次元緩和という金融政策の行き詰まりは、誰の目にもあきらかである。

それにもかかわらず、日銀は、当座預金へのマイナス金利を導入し、市中金利のさらなる低下をうながそうとしているが、金利はすでに超低水準にある。押し下げの影響は、かぎられている。

焦燥感にかられる金融政策が、冒険主義的な性格をいっそうこくした印象すらある。

日銀は、国会などでマイナス金利の導入可能性を否定していた。「考えていない」といっておいて、直後に一転、サプライズにはなる。だが、日銀の言葉は、いずれ国民に信用されなくなる。

異次元緩和についても「所期の効果を発揮している」と繰り返し、それで「物価の基調は着実に上昇している」といっていた。そこへ突然のマイナス金利だ。

いくら期待へのはたらきかけを意識しているにしても、説明が場当たり的になってはいけない。

この中川氏の批判は、まさに日銀の量的・質的金融緩和なるものの致命的欠陥を正確に指摘している。

ニッセイ基礎研究所の上野剛志氏も、おなじようにきびしく批判している（「Weekly エコノミスト・レター」２０１６年2月5日）。

歴史の浅いマイナス金利は、効果とリスクに未知数な部分が多いので、影響を注視していかなければならないことは事実である。

とはいえ、それ以前の問題として、２％という異次元緩和の目標自体が高すぎることで、日銀がリスクの高い方へと追い詰められていっている印象をうける。

黒田日銀総裁が国会で「マイナス金利は検討していない」と発言した件についても、君子豹変ということなのかもしれないが、マーケットとの対話という点で大きな問題をのこしたといえるだろう。

今回の事例は、市場参加者にとって、黒田日銀総裁の発言を真にうけることのリスクが高いことを再認識させた。金融政策をめぐるマーケットの観測は、今後、不安定化しやすくなったとかんがえられる。

日銀にとっても、期待へのたはらきかけがきびしくなったといえるだろう。

このように、マーケット関係者によるマイナス金利への批判には、手厳しいものがある。「通貨マフィア」で、為替相場操作にはたけていても、金融政策と金融市場運営についての「素人」が、政治の意をうけて日銀総裁に就任して、「できることはなんでもやる」と、こうなってしまうのであろう。

2　金融政策決定会合での議論

(1) 政策委員会の賛成意見

お得意のサプライズ

２０１６年１月21日の参議院決算委員会で黒田日銀総裁は、マイナス金利の導入の可能性を問われて「現時点で具体的に考えていない」と否定した。

これが、黒田氏の真骨頂であるサプライズの布石となった。外国為替市場で為替政策を実行してきた「通貨マフィア」の常套手段である。

この手法を金融政策の実行に転用しているところに、黒田氏の勘違いがある。

売買価格差で利益を上げようとする投機取引が95%もある外国為替市場での手法を、金融政策で使用すると、とんでもないことになるということを黒田氏は、就任当初からまったく理解できていない。これが現状の日本経済の悲劇である。マーケットがビックリするような金融政策を導入して、本当にビックリしても、マーケットがついていけないことが多い。たいがいが劇薬なので、経済・金融実態と齟齬をきたしてしまうからである。

通常は、実体経済が正常に機能するまでの、あくまでも短期的なカンフル剤としてつかわれるだけのことである。異次元緩和にしても、3年以上もつづけるというのは、狂気の沙汰としかいいようがない。あげくのはてにマイナス金利だ。

金融政策は、外国為替を売るか、買うか、だけの外国為替市場とは、まったく質がちがうのである。

黒田氏は、日銀の事務方に追加緩和のいくつかの選択肢を準備させたという。2016年1月25日に、総裁と副総裁と金融政策担当幹部だけで開いた会議で、事務方が、難易度が高いと警戒していたマイナス金利の導入案を黒田氏が選んだという。

日銀の事務方は、「総裁の頭にあるのはマイナス金利だ」とうすうす察していたようである（「日本経済新聞」2016年2月5日）。

賛成意見

マイナス金利の導入に賛成する審議委員の考え方は、次のようなものであった。金融市場の不安定な動きなどによって、企業のコンフィデンスの転換がおくれ、物価の基調に悪影響がおよぶリスクが増大しており、その顕現化を未然にふせぐ必要がある。したがって、２％「物価安定の目標」にむけたモメンタムを維持するためには、「マイナス金利付き量的・質的金融緩和」を導入することがのぞましい。

というのは、追加金融緩和によって、リスクの顕現化をふせぎ、２％の物価安定目標にむけたモメンタムを維持することが必要だからである。

国内経済の好循環を中断させることなく、さらに推進すべき正念場の時期に、金融政策の信認をたもつためにも、追加金融緩和措置によって補強するとともに、将来の緩和手段の選択の余地を広げることが適切である。

日本銀行は、理論的な可能性として、おなじ量であれば、付利を引き下げた方がポートフォリオ・リバランス効果を高め、より強い効果があると指摘してきた。

金融緩和の手段としては、量の緩和、質の緩和、金利の引き下げという三つの考え方がある。金利をさらに引き下げるということについては、さまざまな議論がある。

しかしながら、ヨーロッパ諸国の経験から、効果や実務的な問題についても適切に運営されるだけの知見が集約されているとかんがえられる。

「マイナス金利付き量的・質的金融緩和」は、「量」・「質」・「金利」の三つの次元で、追加金融緩和の余地が十分にあるということをしめしている。

すなわち、イールドカーブの起点を引き下げることで、大規模な長期国債の買い入れとあわせて、予想実質金利をさらに引き下げることができる。

日銀当座預金のすべてではなく、一定額以上にマイナス金利を適用する階層構造方式によって、金融機関への過度の負担を回避し、金融緩和効果を強化することができる。

この階層構造は、限界的な金利をマイナスとしつつも、金融機関の収益に過度の圧迫をくわえて、金融仲介機能が低下することがないように設計されている。

(2) 政策委員会の反対意見

当惑した審議委員

マイナス金利の導入は、正副総裁と日銀の金融政策担当者だけの会議できめられたが、多くの審議委員は、マイナス金利を導入するということを突然打診されたという。

それまで、「景気の現状は問題ない」とか「物価の基調はしっかりとしている」とみていた審議委員にとっては、まさに青天の霹靂だったことだろう。

審議委員の大半は、年明けから円高・株安が加速していたものの、「日銀が動いても、中国の原因の市場の混乱は止められない」と慎重姿勢をとっていた。

こうしたなかで、黒田氏は、「さらに思い切った対応を取る」などと緩和期待を高めていたが、審議委員のなかには、「手段も限られるなかでどうするつもりなのか」という冷ややかな見方もあったという。

マイナス金利の導入は、５対４という薄氷の議決の結果であった。だが、５票の賛成は確実であった。

総裁・副総裁は執行部であり、マイナス金利の提案者で、この３票はとうぜんながら賛成票である。この三人は、安倍政権になってから任命された。あと二票あれば議案は採択されるが、それは確実であった。

このときの審議委員のうち二名は、総裁・副総裁の任命ののちに、「異次元緩和に理解がある」として、安倍政権によって任命されたからである。

だから、どのような金融政策でも執行部提案が採択されるようになっていた。

そんなことはありえないが、２％の物価目標達成でデフレ脱却のために、日銀がヘリコプターで日銀券をばらまくという「ヘリコプター・マネー（バーナンキ前ＦＲＢ議長が提案）、実際は、中銀による無制限の財政資金の供給」という執行部提案も採択されるであろう。

ある反対意見の審議委員は、「正論を言っても通らない」とぼやいていたという。東短リサーチの加藤出社長によれば、「今の政策委（員会）には反対派委員の意見を取り込んで合意形成を進める雰囲気がない」という。安倍政権の軍門にくだった日銀政策委員会（審議委員）は、まさに、黒田独裁体制（大政翼賛会のごときである。だが、その帰結は悲惨だ。

反対意見

マイナス金利の導入に反対した審議委員の考え方は、次のようなものであった。

国際金融・資本市場の不安定な動向から、リスクが低下するという状況はみられないものの、ただちに政策対応が必要とされるような情勢でもない。

こうしたなかで、マイナス金利を導入すると、マーケットにかえって金融政策の限界を印象付けてしまうことが懸念される。

わが国の経済と物価の基調は悪化しておらず、金融緩和の度合いからみて、追加金融緩和を正当化する理由はなく、現状を維持すべきである。

２０１５年12月の量的・質的金融緩和を補完するための措置を導入した直後のマイナス金利の導入は、国債などの資産買い入れの限界と受け止められるほか、複雑な仕組みは混乱・不安をまねき、かえって、金融緩和効果を減衰させるおそれがある。

現状は、大がかりな金融政策の変更をおこなうタイミングだとはかんがえられない。大量の国債買い入れが意図するポートフォリオ・リバランスは、国債と当座預金の交換にとどまる可能性が高い。

国債のイールドカーブをさらに引き下げても、民間の調達金利を低下させる余地はかぎられ、設備投資の増加も期待できない。

とりわけ、国内の経済・物価の情勢は安定しており、また金融市場の不安定性も深刻でないため、現時点での追加金融緩和は必要ではない。

さらに、マイナス金利導入は、金融機関の国債売却意欲を低下させ、国債買い入れ策の安定性をそこねるとか、金融機関の収益性をさらに悪化させ、金融システムの潜在的な不安定性を高めるなどの問題があり、危機（パニック）時の対応策として温存すべきである。

重要な問題は、マネタリーベースの増加目標の維持とマイナス金利導入は、理論的整合性を欠如しているということである。テーパリング（出口戦略）とあわせて実施すべき政策である。

また、マイナス金利は、実体経済への効果のわりに、市場機能や金融システムへの副作用が大きく、効果と副作用のバランスをかいている。

今後、一段のマイナス金利引き下げへの催促相場におちいるおそれがあり、金融機関や預金者の混乱・不安を高め、2%という物価目標の達成への理解がとぼしいなかで、誤解を増幅するおそれがある。

国際的にみても、すでにマイナス金利を導入しているヨーロッパ諸国の中央銀行とマイナス金利競争におちいることが懸念される。

より深刻な問題は、中長期国債の利回りをマイナス化させることによって、日銀だけが国債の最終的な買い手となり、マーケットから財政ファイナンス(安易な日銀からの財政資金調達)とみなされるリスクが高まることである。

3 資本主義否定のマイナス金利

(1) マイナス金利と市場への影響

ゼロ金利制約

黒田氏は、マイナス金利政策について、2016年2月3日に「きさらぎ会」でおこなった講演で次のようにのべている。

マイナス金利、すなわち金利がマイナスということは、お金を借りると利息がもらえ、逆にお金を貸すと利息を払わなければならないということである。したがって、自然な金融取引では、このようなことが発生することはかんがえられない。

金利というのは、お金を貸しても、それ以上儲からないところ、すなわち０％が下限となるはずである。これが金利のゼロ制約（ゼロ金利制約）といわれるものである。

したがって、リーマン・ショック以降、各国中央銀行が非伝統的な金融政策を遂行してきたものの、最後の壁となったのがゼロ金利制約であった、だが、ヨーロッパ諸国では、金利を０％以下に引き下げている。

ヨーロッパ諸国の中銀は、いかにしてゼロ金利制約を乗り越えたのか。

このメカニズムの出発点となるのが、金融機関が中銀に保有する当座預金の金利をマイナスに設定するという仕組みである。

たとえば、当初、日銀が設定したマイナス０・１％のばあい、金融機関が日銀に預金するとマイナス０・１％の損失となる。

したがって、もしも、それよりも少ない金利マイナス０・０９％であれば、たとえマイナス金利であったとしても当該預金を放出（貸出しにまわす）しようとする。損失は０・１％ではなく０・０９％に減るからである。

借り手は、０・０９％の利子をもらえるので資金調達のニーズはある。

このようにして、資金運用者と資金需要者のニーズが合致して、マイナス金利での短期金融市場取引が成立する。

短期金融市場で金利がマイナスになるということは、イールドカーブの起点が0％を超えて下がるということであって、イールドカーブ全体を押し下げるという金融緩和の目的にそうものである。

これが、黒田氏のいうマイナス金利である。

マイナス金利を導入することで、イールドカーブ全体にたいしてより大きな下押し圧力がくわえられるので、実質金利の低下をつうじて、企業や家計の経済活動に好影響をもたらすことが期待されるという。

マーケットへの影響

日銀がマイナス金利導入を発表したとたん、金融市場は敏感に反応した。

真っ先におこったことは、銀行株の下落である。これは、マイナス金利の深刻な副作用である。

日銀に過大な当座預金をおいておくと損失が発生するので、ほかに資金をまわさなければならない。しかし、企業の貸し出しを増やすにしても、健全な借り手があまりいない。あれば、とっくの昔に貸出しにまわしている。

多くの銀行にとって唯一ともいえる収益源であった多くの国債の利回りもマイナスに低下し

ており、利益が減少してしまう。外国の株式や債券に投資するにしても、信用リスクにくわえて、為替リスクまで、二重のリスクにさらされる。

銀行の収益力が低下すると、中小企業向けの融資などがおさえられる、すなわち不良債権問題が深刻化した金融システム不安当時のような貸し渋りがふたたび深刻化する可能性がある。

日銀がマイナス金利導入を発表したとたんに、銀行は、次々と預金金利と住宅ローン金利の引き下げを発表した。

投資信託会社は、ＭＭＦ（マネー・マネジメント・ファンド）など短期国債や社債で運用する投資信託の購入受け付けを停止した。

証券会社は、株式などの売買のために顧客が購入するマネー・リザーブ・ファンド（ＭＲＦ）に、マイナス金利を適用しないよう日銀に要請していた。預金からリスク資産である株式に資金を移動させるためなのに、肝心要の株式購入資金にまでマイナス金利を適用するなということである。

日銀は、２０１６年3月14・15日に開催した金融政策決定会合で、ＭＲＦをマイナス金利の適用除外とすることを決定した。

ある審議委員は、この点について政策の「限界として誤解される可能性もある」と指摘している。

長期金利の指標となる新発10年物国債利回りは、1月29日にマイナス金利導入が発表されると一時、前日比で０・１３０％低い０・０９０％となり、14日に付けた史上最低の０・１９０％を更新した。

財務省は、２０１６年2月3日、個人が購入できる国債のうち、3月発行予定の10年物の新型窓口販売国債の募集をはじめて中止することを発表した。手数料を加味して価格設定をすると利回りがマイナスとなり、購入者がいないと判断したためである。

おなじ方式の満期2年、5年の国債はすでに募集を停止しており、これで新型窓口販売国債の募集はすべて中止されることになった。

かくして２０１６年2月9日、日本の長期金利（10年物国債利回り）が、歴史上はじめてマイナスとなった。

同日、海外投資家による日本国債の買い注文が増え、正午すぎにスイスにつづいて、世界で二例目となるマイナス金利をつけた。夕方には、前日より０・０７５％低いマイナス０・０３５％となった。

善意の預金にもマイナス金利

２０１６年4月に発生した熊本地震の復興にむけて、日本全国から義援金があつまっている。ところが、この助け合いのための義援金にも、なんとマイナス金利が適用されるという理不尽なことがまかりとおっている。

日銀は、ひとびとの善意からすら利子をとるのかと、きびしく批判されている。

たとえば、メガバンクの口座から、地元銀行の口座に義援金を振り込むときには、通常、メガバンクは振込手数料をとることはない。とうぜんである。大地震からの復興のための浄財だからである。銀行は、震災被害者のためなら喜んで「損」をする。

この義援金は、メガバンクの日銀当座預金から、地元銀行の日銀当座預金に振り替えられるだけである。ということは、地元銀行の日銀当座預金があらたに増えるので、マイナス金利適用の対象となってしまう。

政府が復興のための資金を地元自治体にわたすときには、地元の公金取扱銀行の日銀当座預金にあらたに振り替えられる。復興資金は徐々に引き出されるので、あらたに増えた日銀当座預金には当分はマイナス金利が適用される。

ところが、である。

２０１６年3月15日、日銀は、証券会社の取引顧客の決済口座であるマネー・リザーブ・ファンド（ＭＲＦ）をマイナス金利政策の例外措置とした。ＭＲＦの安定運用をささえることが、個人の株式投資を推進することになるから、ということのようである。

それでも……。

黒田氏は、4月26日の衆議院財務金融委員会で、熊本地震の復興資金や義援金にたいして、マイナス金利の「例外的な措置を取る必要があるとは考えていない」と明言した。

もちろん、黒田氏は、復興資金や義援金自体が「マイナス金利によって減額されることはない」と説明している。あたりまえである。マイナス金利を払うのは、地元銀行だからである。

もちろん、「経営が悪化するので、義援金や復興資金の取り扱いはいたしません」という銀行は皆無である。民間銀行は、震災からの復興を心から願っているからである。くりかえすが、銀行は、震災被害者のためなら喜んで「損」をする。

ところが、庶民を相手に業務をおこなっていない日銀には、人情のひとかけらもない。もちろん、日銀にも言い分はある。どこからどこまでが義援金か、という線引きはむずかしいからである。でも、ひととしての心をもっていれば、そんなことは理由にはならない。

株で金儲けしようとする個人投資家にはマイナス金利を免除しやっているのに、善意の資金からすら利子をとるという日銀の姿勢は、きびしく批判されている。これでは、信頼される中央銀行とはいえない。

ひとびとは、通帳のシミのような金利でも、じっと耐えてきている。日銀が日本経済をよくしてくれると期待しているからである。ひとびとは、二十数年にわたって、本来えらるべき利子をもらえず、「損」をしても、日銀を信頼してきた。

その信頼を裏切ったら、ひとびとは、中央銀行にムシロ旗をたてて抗議に殺到するだろう。

（２）資本主義の自己否定

利潤追求の資本主義

企業は、市場経済のなかで、より多くの利潤を獲得しないと熾烈な競争に勝ち残れない。資本主義は、あくなき利潤追求のシステムだからである。

もちろん、資本家が、私利私欲のために金儲けを追求することもあろうが、資本主義の市場メカニズムがそれを強制するという側面がより本質的である。

すなわち、より多くの利潤をあげて、その利潤をとことん研究・開発費に投入し、次世代の製品の開発をおこなわなければならないからである。

市場経済というのは、優勝劣敗の冷酷な世界なので、つねに競争相手よりも安価でいいモノを作り、マーケットに出し続けなければならない。

いくら自社製品が売れているといっても、市場経済が機能していれば、それが長続きすることはない。売れていて、利益があがっているからと、安心していると、競争相手がより安価でいいモノをマーケットにだすからである。

そうすると、じきに売れなくなって、利潤があがらないばかりが、損失が膨れ上がって倒産してしまう。

資本主義では、「人間は怠け者」であるという大前提にもとづいて経済運営がおこなわれているところに特徴がある。「性悪説」である。もちろん、人間というのは本質的には怠け者ではないが、そういう前提をおかないと、資本主義は「発展」しないのである。

マックス・ウェーバーがいうように、「隣人」のために献身的に努力するという崇高な「資本主義の精神」を有する資本家・経営者だけであれば、資本主義は健全に発展してきたかもしれない。

しかし、残念ながら、資本主義は、黎明期の「資本主義の精神」だけではダイナミックに「発展」できなかった。

倒産、借金地獄、失業で路頭に迷うという恐怖が、ひとびとをよりいいモノ作りに駆り立てるのである。

「隣人」のためにつくさなければ、「地獄」に落ちるというのがキリスト教の世界であるとすれば、「怠け」たり、手を抜いたりしたら、食っていけなくなるよ、それが「自己責任」だ、というのが市場経済なのである。

したがって、食っていくためには、寝食を忘れて安価でいいモノ作りにはげまなければならないのである。

そうなると、「北風と太陽」の事例の「太陽」のように、ひとびとに一生懸命はたらけという必要はない。奴隷制時代のように、鞭をつかって無理矢理、はたらかせる必要もない。神の「見えざる手」が、ひとびとを勤勉・勤労といいモノ作りに駆り立ててくれるからである。

したがって、競争で負けたひとを国家がけっして救済してはならないという議論がでてくる。競争で負けるひとというのは、「怠惰な怠け者」だからであって、それは、まさに「自己責任」、正確にいうと「自業自得」ということだからである。

競争で負けたひとを、勝ったひとから徴収した税金などで救済すると、ふたつの側面からおかしなことになるという主張がでてくる。

ひとつは、負けたひとを助けてしまうと、必死になって敗者復活戦に参入するインセンティブがわかなくなってしまうことである。そうすると競争が阻害されて、より安価でいいモノ作りができなくなり、資本主義が「発展」しなくなってしまうというわけである。

もうひとつは、必死になって安価でいいモノを作り、やっと売れて、金儲けができたのに、その儲けをガッポリ税金でもっていかれ、しかもその税金を「怠惰な怠け者（敗者）」に配分するというのであれば、なんでがんばったんだ、バカバカしいとなって、だれも努力しなくなり、結局、資本主義が衰退してしまうからである。

このような考え方は、資本主義の「発展」ということと関連して、長く議論されてきたテーマであるが、１９８０年代以降、アメリカで支配的となる新自由主義的な経済政策の中心的な「理念」であった。

懸念される詐欺・盗難の横行

マイナス金利というのは、残念ながら、庶民はもちろん、預貯金者にも十分に理解されているとはいいがたい。

日銀の説明によれば、マイナス金利は、金融機関が日銀においている当座預金の一部に適用されるだけで、預貯金には適用されないという。

ところが、黒田氏は、２０１６年2月15日の衆議院予算委員会で、現金引き出しの「手数料は預金金利とは別の話」であると答弁している。したがって、金融機関は、預貯金の口座管理手数料を徴収する可能性がある。

そうすれば、預貯金には、マイナス金利は適用されていないと強弁できる。もちろん、欧米諸国では、小口などの銀行預金に口座管理手数料を課している金融機関もけっして少なくはない。

これからも、日銀は、2％のインフレ目標の達成のために、追加金融緩和として、マイナス金利の引き下げ、国債、ＥＴＦやＪ－リートの買い増しをおこなっていくことはまちがいないことである。

日銀がマイナス金利をさらに引き下げていき、預貯金にも口座管理手数料が課せられるという噂が庶民に広がっていけば、詐欺や盗難が激増していくことが懸念される。

かつて金融機関の不良債権問題で金融システム不安が深刻化し、銀行倒産の続発が懸念された時期、預貯金者は、銀行倒産で預貯金が引き出せないかもしれないという不安にかられ、早目に引き出して現金を自宅におくひとが多かった。これがタンス預金である。

タンス預金が激増すると、泥棒の登場である。そのころ、あちこちの高齢者宅に泥棒がはいったというニュースがながれた。これがまた、はげしくなるであろう。

銀行倒産で預金がパーになるのとマイナス金利は、同次元の問題である。銀行に預金しておくとマイナスの利子をとられるとか手数料を徴収され、元本が減ってしまうということだからである。インフレの亢進もしかり。

特殊詐欺も増えることが懸念される。プラス金利の時代には、より有利な運用ということにダマされたひとが多かった。

だが、マイナス金利の時代になると、元本は減らないとか、安全に保管しますとかを謳い文句にして、巨額の預貯金をかすめとる詐欺が横行することが懸念される。

マイナス金利時代の詐欺で深刻なことは、良心的な金融業者をよそおって、より多く増やしたいという「欲」にかられたわけでもない善良な市民から、巨額の資金をかすめとる詐欺師が登場することが懸念されることである。

日本では、その昔から、庶民に浪費をいましめ、節約を推奨し、貯蓄を奨励してきた。虎の子の資金は、庶民金融機関が責任もって預かり、極力安全に運用してきた。年配者を中心に金融機関への信頼が強いのはそのためであろう。

したがって、金融機関は、預貯金へのマイナス金利の導入はもちろん、庶民から口座管理手数料を徴収するなど、けっしておこなってはならない。

節約は美徳であって、経済成長のために「カネをつかえ、浪費をしろ」というのは、あしきアメリカ型経済の考え方である。

しかも、貧弱な福祉政策のおかげで、貯蓄をしなければ、悲惨な老後をむかえるという現実が根本的に転換されない日本では、なおさらのことである。

マイナス金利という資本主義否定の、というよりも、庶民に貯蓄させないような「愚策」を日銀は、ただちに放棄しなければならない。

（3）マイナス金利でデフレに

現金に利子

資本主義であるかぎり、借りた資金で事業をおこない、利潤の一部を金利として貸し手に支払うので、預貯金には金利が付される。ところが、マイナス金利というのは、まったくその逆である。

マイナス金利こそ、資本主義の腐朽性・寄生性の権化であろう。資本主義が、もはや存続できないということをしめすものかもしれない。

これは、1929年恐慌後、金本位制から管理通貨制に移行し、当価交換という資本主義の大原則を突き崩したということとおなじことかもしれない。というより、資本主義は、けっして自壊しないということなのであろうか。

黒田氏は、預貯金には、マイナス金利は適用しないと強弁している。だが、預貯金にたいして、口座管理手数料を徴収するようになれば、事実上のマイナス金利の適用されたことになる。

日銀が2%のインフレ目標達成のためになんでもやる、マイナス金利の引き下げには限界がないとして、どんどん引き下げる可能性もある。そうなると、預貯金へのマイナス金利の適用もおこなわれるかもしれない、銀行やゆうちょ銀行が、預貯金の元本保証をおこなわなければならないことは、法律で規定されている。「銀行法」の改正もおこなわれるのであろうか。それができなければ、口座管理手数料の漸進的な引き上げがおこなわれるはずである。

ということは、現金に利子がつくということになるので、預貯金を引き出して、保管すればいい。マイナス金利の導入以降、金庫の売り上げが伸びているといわれているが、そのためなのであろう。これがタンス預金といわれるものである。

ところが、預貯金が引き出されて、タンス預金となって、マネーサプライが増えても、消費にはまわらない。

そこで、現金に課税せよという議論が出てくる。スタンプ貨幣といわれるもので、1万円をつかうとスタンプを押して、9000円になるというものである。こうして、現金もマイナス金利になるというわけである。

ここまでくると、経済学者のかんがえることはこんな程度なのかと、庶民の不信感をあおるだけである。庶民は、額に汗してはたらき、お金を稼ぐことがバカバカしくなるだろう。

銀行の経営悪化

マイナス金利で預貯金者が大損し、負債の多い政府や企業、住宅ローンの借り手が大儲けする。これは、インフレの亢進による帰結とおなじである。日銀は、ハイパー・インフレをおこすのはむずかしいので、マイナス金利を導入したのであろうか。

マイナス金利で経営が圧迫されるのが、銀行などの金融機関である。預金金利を引き下げるとともに、ただでさえ低い貸付金利をさらに引き下げなければならない。貸付金利と預金金利の差である利ざやがさらに縮まってしまうので、収益が悪化する。

日銀がマイナス金利導入を発表するや、多くの銀行やゆうちょ銀行がいっせいに預貯金利を引き下げた。ところが、逆に預金金利を引き上げる銀行がある。

熊本第一信用金庫は、新規に1年物定期預金を100万円以上（50歳未満は50万円以上）預けたばあい、金利を年0・025％から年0・08～0・1％に引き上げた。

遠賀信用金庫も1年物定期預金に年0・15～0・3％の金利を付けることになった。

西武信用金庫も長期の定期預金金利を引き上げることになった。

銀行やゆうちょ銀行が軒並み預貯金金利を引き下げるなかで、ほんの一部であるが、いくつかの信用金庫が、逆に定期預金金利を引き上げている。銀行経営は、大丈夫なのであろうか。

信用金庫は、長い時間をかけて地元の企業と密接な連携をとっている。付き合いが長く、経営内容も経営者もよくしっているのである。リレーションシップ・バンキングとよばれるものである。

聞くところによれば、だから、貸出金利が低いわけではないので、お客さんのために定期預金金利を引き上げる余裕があるのだという。他の銀行も、このような、銀行業務をおこなったほうがいいであろう。

しかし、なかなかそうはいかない。銀行の多くは、貸出先に困り、もっぱら安全な国債に投資してきた。０・０５％程度で定期預金をあつめても、国債に投資して０・５％程度で運用できれば、サヤをとることができた。

預貯金金利が下がったところで、すでに零コンマ二桁や三桁のことである。問題は、ほとんどの国債の金利もマイナスになっていることである。

銀行の収益構造は、ますます悪化していく。だったら、運用を国債から、貸付のほか、株式、外国債券、外国株などリスク資産に変えたらいいといわれる。ポートフォリオ・リバランスといわれるものである。

優良な貸出先はないし、そんなにリスクをとれないので、これまで国債中心の運用をしてきたのに、である。銀行は、ますます経営が悪化していくであろう。

デフレの深刻化

銀行は、現金の保管コスト以上に日銀においた当座預金のマイナス金利が大きくなれば、日銀から現金を引き出して、保管することになる。だから、日銀においた当座預金のマイナス金利は、引き出される水準までは、引き下げられないといわれている。

預貯金者も預貯金を引き出して、自宅の頑丈な金庫に保管するようになる。現金が「増える」からである。おかしなものである。経済学を勉強していて、イヤになってくるのは、わたしだけなのだろうか。

タンスに何千万円もおいておくひとがいないことを祈っている。警察も、ドロボーや特殊詐欺の取り締まりに全力を投入していただきたい。爪に火をともすようにして、コツコツ貯めてきた虎の子の老後資金をかっさわれてしまうからである。

ところが、銀行が日銀から現金を引き出すとマネーサプライが増える。本来であれば、マネーサプライが増えるのは、景気がよくなり、資金需要が拡大してきたからであって、いいことである。

よもや、日銀が、異次元緩和によってベースマネーを激増させたおかげで、ようやくマネーサプライが増えたなどと、自画自讃することはないとはおもうが。それは、あくまでも、銀行や預貯金者が金利を生み出す現金を退蔵しているだけのことだからである。

したがって、ひとびとは、ますます消費をひかえる。とりわけ、年金生活者は、必要最小限の消費しかしなくなる。

しかも、日銀は、最悪の時期にマイナス金利を導入した。円安誘導のためにおこなったのであるが、じきに円高にもどった。それは、２０１６年にはいって、中国におけるバブル崩壊不況の顕在化と世界同時株安にみまわれている時期だったからである。

２０１６年春闘がはじまろうとするときに、マイナス金利を導入したので、日銀が労働界に再三再四もとめてきた賃上げ要求も尻すぼみになった。企業もベースアップはもちろんのこと、あまり賃上げをおこなわなかった。

これでは、３年にもわたる円安誘導のおかげで、せっかく「デフレでない状態」を実現したのに、またデフレにもどるのはとうぜんのことである。

第3章　リフレ派経済実験の壮大な失敗

1　支離滅裂の金融政策

（1）目標達成時期の4度目の延期

仏の顔も三度まで

日本銀行は、２０１６年4月28日に開催した金融政策決定会合でマイナス金利付き量的・質的緩和の現状維持をきめた。追加緩和を織り込んで1ドル１１０円台まで円安がすすんでいたが、現状維持の決定で、１０６円台まで急速な円高が進展した。

同日、日銀が発表した「経済・物価情勢の展望（展望レポート）」で、物価安定目標（インフレ目標）の達成時期をそれまでの「２０１７年度前半ごろ」から「２０１７年度中」に先送りした。

インフレ目標の達成時期は、２０１３年４月に鳴り物入りで導入された量的・質的金融緩和（異次元緩和）では、２年程度であった。ということは、おそくとも15年４月前後には達成されるはずであった。

ところが、２０１４年10月の追加異次元緩和にもかかわらず、インフレ目標は達成されなかった。そして、達成時期は２０１５年４月に16年度前半ごろまで先延ばしされたのである。第一回目の延期である。

その後、２０１５年10月に16年度後半ごろ、16年１月には17年度前半ごろと三度も延期された。仏の顔も三度まで、といわれるが、ここでとうとう、四度目の延期となったのである。

一連の先送りはなんと、わずか1年の間のことである。これでは目標ではない。「いつかは実現します」ということをいっているにすぎない。「オリンピックが終わるまで」には、かもしれない。

２０１７年度末には、日銀総裁・副総裁の任期がくる。任期内に目標を達成できなかったことになる。日本の経済・金融システムと金融市場をメチャクチャにして、任期がきましたと巨額の退職金を懐に入れて、晴れ晴れとしてサヨーナラとなるだろうか。

総裁・副総裁は、マイナス金利付き量的・質的緩和は正しかったが、インフレ目標を達成できなかったのは、想定外の原油価格の暴落、中国など新興諸国の景気の低迷、イギリスのＥＵ

離脱決定などのせいであるというかもしれない。

もしかしたら、量的・質的緩和を実行している間に、政府がしっかりとした成長戦略を構築し、実行しなかったからだというのかもしれない。もちろん、これは、黒田日銀の政府への責任転嫁などではなく、まったく正論である。

ただし、もしも、これを主張するのであれば、インフレ目標達成時期の第一回目の先送りをした2015年4月ころに、政府の成長戦略がなければ、中央銀行だけで目標達成は不可能だとして、総裁・副総裁が辞任すべきであった。

もちろん、それは、リフレ派の自己否定になるので、できなかったことであろう。

したがって、たびかさなる追加緩和、ついにはマイナス金利政策導入という泥沼にはまり込み、経済・金融システムと金融市場をメチャクチャにして任期満了・退任となるのであろう。

だれも責任もとらないというのが、日本の政治家・官僚や中銀総裁・副総裁のお家芸だ。

延期されたインフレ目標

日銀は、マイナス金利導入を発表した2016年1月に公表した「経済・物価情勢の展望（展望レポート）」で、消費者物価上昇率の前年比が物価安定目標（インフレ目標）である2％程度にたっする時期は、「2017年前半ごろになると予想される」とした。

２０１６年1月29日に公表された展望レポートでは、延期する理由は、次のように、原油価格次第ということのようであった。

わが国の景気は、輸出・生産面に新興国経済の減速の影響がみられるものの、おだやかな回復をつづけている。２０１７年度まで展望すると基調としておだやかに拡大していくとかんがえられる。

消費者物価（生鮮食品を除く）は、エネルギー価格下落の影響から、当面は０％程度で推移するとみられるが、物価の基調は着実に高まり、２％にむけて上昇率を高めていくとかんがえられる。

従来の見通しとくらべると、成長率の見通しは、おおむね不変である。

このように、エネルギー価格の下落をのぞけば、日銀の異次元緩和の効果は十分に発揮していると自画自賛しているごとくである。

しかしながら、エネルギー価格の下落は、想定を超えて、２０１６年度末までつづく見込みである。だから、インフレ目標である２％程度に達する時期は、２０１７年度前半ころになるというのである。

このように、インフレ目標の達成ができないことをすべて原油価格の下落のせいにしているのである。

たびかさなる延期

日銀は、２０１５年10月30日に開催した金融政策決定会合で、デフレを克服し、景気を回復するための２％のインフレ目標の達成時期を、それまでの２０１６年度前半ごろから、16年度後半ごろにおくらせることを決定した。

このときの延期の理由も、やはり、原油価格の下落や新興国経済の失速であった。

安倍氏からデフレ克服の意をうけて、華々しく登場した黒田東彦日銀総裁は、就任早々の２０１３年４月に開催した金融政策決定会合で、２年程度で２％程度のインフレ目標（物価安定目標）を実現すると大見得をきった。

そのために、ベースマネー（日銀当座預金と銀行券と貨幣）を２倍、国債の購入額を２倍とするというきわめて非現実的な非伝統的金融政策を決定し、実施した。黒田氏は、これを量的・質的金融緩和とか異次元緩和とかよんで、自画自賛した。

ようやく「正しい」金融政策を実行できると悦にひたっているがごときであった。

このときに、黒田氏は、２年程度で消費者物価上昇率２％を実現するために、必要な手はすべて打った。よほどのことがないかぎり、追加緩和はおこなわないと断言した。

かなりの自信があったのだろう。

だが、エコノミストばかりか、金融研究者のほとんども、そんなことで２％の消費者物価上昇率を実現できるはずもないと声高にさけんでいた。そもそも、バブル崩壊から二十数年、2%を超えたのは1度くらいしかなかった。

やはり、である。

(2) やらないはずの追加異次元緩和

2014年10月に開催した金融政策決定会合で、日銀は、やらないはずであった追加異次元緩和を決定した。直前まで、黒田氏は、4月の8%への消費税率引き上げによる影響は軽微、日本経済はデフレ脱却にむけて、順調に回復していると強弁していた。

少なくとも、2015年度までは、追加緩和をおこなわないはずであった。その舌の根も乾かないうちに、である。だから、金融政策決定会合での採決の結果、ここでも賛成5にたいして反対4という薄氷をふむ決定となった。

ドサクサにまぎれて、2年程度であったインフレ目標の達成期間が、2015年度を中心とする期間に先送りされた。1年もの先延ばしであった。これは、異次元緩和で2年程度で目標を達成できるということが、みじめに破綻したことを日銀みずからみとめたものであろう。

破綻を覆い隠すために、マーケットがまったく予想もしていなかったサプライズ金融緩和を断行したのであろう。元「通貨マフィア(為替相場を自在にあやつる為替当局者)」の本領発揮というところであろう。

だが、それがみずから「墓穴」をほることになるとは、黒田氏はしるよしもなかったことであろう。

わずか2日前の29日に米連邦準備理事会（FRB）が、大量の国債と住宅ローン担保証券（MBS）を購入する量的緩和第三弾の終了をきめた直後という絶妙のタイミングであった。とうぜんのごとく、1ドル120円までの円安がすすんだ。デフレ克服のための追加異次元緩和は、大成功したかにみえた。

黒田氏が追加異次元緩和を断行したのは、直接的には、原油価格が大暴落していたからであるという。円安誘導としての異次元緩和によって、円安になったとしても、原油価格が暴落すれば、原油の輸入価格が下落してしまう。

せっかく円安誘導で輸入価格が上昇（輸入インフレ）し、消費者物価上昇率をようやく1％あたりに引き上げても、原油価格が暴落すると上昇率は1％をきってしまい、異次元緩和そのものが否定されてしまう。

黒田氏は、2％物価上昇原理主義と揶揄されている。輸入インフレと消費増税で庶民の消費が冷え込んで、景気が減速していることなど、どこ吹く風であった。

とにかく、2年で消費者物価上昇率を2％に引き上げるというのが、黒田氏の至上命令である。それが約束だからであろう。円安がすすみ、食料などの生活必需品が値上がりラッシュとなっても、よかった、とばかり、庶民の生活苦などまったく意に介さないかごときだ。

2％物価上昇原理主義である黒田氏にできることは、追加異次元緩和によって、円安にすることだけである。だから、政策決定会合で無理やり採決するので、4票もの反対がでるのである。

もし、5票の反対で否決されたら、日本経済ばかりか、世界経済に甚大な影響をあたえたはずである。さらに深刻なことは、日銀の執行部がマーケットの信認を完全にうしなうということだろう。

中央銀行たるもの、けっして、こんな危険な決定をしてはならない。

庶民生活不在の黒田日銀、ここに極まれり。

(3) 金融政策決定会合での議論

追加異次元緩和への賛成意見

追加の緩和に賛成する審議委員の考え方は、次のようなものであった。

原油価格の下落は、長い目でみれば、日本経済にとってプラスであるが、このところの大幅な下落は、消費税率の引き上げ後の需要面での弱めの動きとあわせて、短期的には、物価の押し下げ要因としてはたらいている。

たとえ、短期的とはいえ、現在の物価下押し圧力が残存するばあい、これまで着実にすすんできたデフレマインドの転換がおくれるリスクが高い。

こうしたリスクの顕現化を未然にふせぎ、好転している期待形成のモメントを維持するため、追加的な金融緩和をおこなうべきである。

賛成意見はこのようなものであるが、次のような意見は重大である。

ひとつは、追加異次元緩和の実施によって、２０１５年度下期には、２％の物価安定の目標の安定的な達成が十分視野にはいるとかんがえられ、そうであれば、出口戦略の議論が開始できる状況となる可能性があるという意見である。

１年半にもわたって異次元緩和をおこなっても２％の物価安定の目標を達成できないのに、さらに、買い入れた国債の平均残存期間が7年程度から7～10年程度に延長されると、ますます出口戦略をとることがむずかしくなっていくからである。

もうひとつは、異次元緩和は、２％の物価安定目標を安定的に持続するために必要な時点まで継続する、として期限をさだめないという意見である。２年程度の期間に過度にこだわるべきではない。

また、追加異次元緩和がひとびとのマインドにはたらきかけるものであことをふまえると、戦力の逐次投入と受け取られないように、リスク量や副作用も考慮して、可能なかぎり大きな規模をめざすべきだという意見がのべられている。

とにかく、大規模な金融緩和を２％の物価安定の目標を達成するまでつづけるべきだということである。「待てば海路の日和あり」なのだろうか。

追加異次元緩和への反対意見

追加の緩和に反対する審議委員の考え方は、次のようなものであった。

経済・物価の基本的な前向きのメカニズムは維持されており、現行の金融市場調節方針・資産買い入れ方針を継続することが適当である。

追加異次元緩和によって、金利の一段の低下は見込まれるが、名目金利はすでに歴史的な低水準にあり、実質金利も大幅なマイナスとなっていること、資産買入れの効果はその進捗とともに累積的に強まる性質のものであることをふまえると、経済・物価にたいする限界的な押し上げ効果は大きくない。

追加異次元緩和のコスト・副作用として、市場機能の一段の低下があげられる。

年間約80兆円の増加ペースで国債を買い入れれば、フローでみた市中発行額の大半を買い入れることになるので、国債市場の流動性をいちじるしくそこなうとともに、実質的な財政ファイナンスとみなされるリスクが高まる。

次の反対意見は重要である。

ひとつは、MMFやMRFなどでの運用難のリスクが高まる可能性があるという意見である。これは、マイナス金利の導入とともに現実化した。

もうひとつは、円安がすすめば、これまで景気回復を下支えしてきた内需型の中小企業への悪影響が懸念されるとのべられたことである。

これは、実際に1ドル120円の円安になることによって現実となった。

三つ目は、とりわけ重要な意見である。

物価安定の目標を2年程度で達成することがむずかしいとみられているなかで、異次元緩和が長期間継続される、あるいは極端な追加緩和が実施されるという観測がマーケットで高まれば、金融面での不均衡蓄積など中長期的な経済の不安定化につながる。

そのため、日銀の執行部にたいして、①継続期間を2年程度に限定し、その後、柔軟に見直すこと、②物価安定目標の達成期間の見直しを提案している。

この審議委員の提案の正しさは、その後の事態によって証明された。

達成期間である2年程度にあと半年となっても、2015年度を中心とする期間に延期するしまつだし、それも実現できず、ついにマイナス金利という極端な追加緩和をおこなわざるをえなくなっているからである。

黒田氏が、このマーケット出身の審議委員の意見に十分に耳を傾けていれば、マーケットや金融システムの混乱をかなり回避できたはずである。

(4) ハシゴを外された黒田日銀

安倍首相は、2014年11月21日に突如として衆議院を解散し、12月14日に投開票がおこなわれた。

消費税率の10%への引き上げを1年半延ばして、2017年4月とすること、デフレ脱却を確実なものとするために、アベノミクスをつづけていいか、信を問いたいからであるという。

だが、そんなことは、まったくのまやかしだ。

そもそも、消費税率の引き上げは、景気がよくなければ先延ばしできると法律の付則に記載されていた。衆議院を解散して、民意を問うというようなレベルの問題ではないはずである。

しからば、「アベノミクス」はどうか。

実質国内総生産(GDP)の伸び率は、消費税増税がおこなわれた2014年4~6月期に年率換算でマイナス7・3%であったものの、7~9月期は回復するはずであった。ところが、大方の予想に反して、1・9%のマイナスとなった。

二・四半期つづいて成長率がマイナスになれば、れっきとした景気後退である。

そもそも、日銀黒田総裁・岩田副総裁など、いわゆるリフレ派は、適度のインフレをおこせば、超円高が克服され、経済が成長すると主張してきた。

すなわち、日銀が異次元金融緩和をおこなえば、期待インフレ率が高まる、そうすれば、ひとびとのデフレマインドが転換して、個人消費や企業の設備投資が活発化し、旺盛な需要と賃金の上昇によって、適度のインフレのもとで経済が成長すると。

ところが、逆に、景気後退におちいってしまったのでは、「アベノミクス」なるものが破綻したことになってしまう。というよりも、まやかしだということが白日の下にさらされる。もちろん、そんなことはありえないと、みんないっていたとおりになっただけのことだ。

とうぜんのごとく、安倍政権の内閣支持率は大暴落する。安倍氏悲願の集団的自衛権行使ための「憲法」改正（正確には改悪）など「夢のまた夢」ときえてしまう。また「病気」を理由に政権を投げ出すことになってしまうのか。

しかも、財務省に財政破綻回避のためだと「洗脳」された与党自民党議員のほとんどは、引き上げを容認していた。「アベノミクス」破綻を隠蔽し、消費税率の引き上げを延期する方策は、ひとつしかのこされていなかった。衆議院の解散がそれである。

それにしても知恵者というのは、いるものである。安倍氏の延命策、一度目は「病気」、二度目は「衆議院解散」とは。マルクスがいうように、一度目は「悲劇」、二度目は「喜劇」ではなく、二度とも「喜劇」だ。

黒田日銀は、安倍首相から完全にハシゴを外された。

それにしても、である。安倍氏は、２０１６年7月の参議院選挙にさいして、消費税率の10％への引き上げをさらに2年半延ばして２０１９年10月とすることをみとめてほしいとうったえた。

二度目の増税延期という「アメ玉」で、またしても国政選挙で大勝利した。

2 物価安定目標の未達成

（1）物価安定目標の先送りと消費増税

物価安定目標の先送り

黒田日銀は、２０１４年10月の追加異次元緩和時に、2年程度で2％程度の物価安定目標の実現ということを、15年度を中心とする期間に変更した。

黒田氏のすべきことは、断じて達成時期の変更ではなかった。

日銀総裁の辞任！

黒田氏は、就任前に国会で、2年程度で2％目標を実現するとのべた。国民の前で誓ったのである。黒田氏は、はっきりと辞任するとはいわなかったが、岩田副総裁は辞任を明言した。もしかしたら、ひとたび「公約」違反をおこなったら、目標時期の変更に後ろめたさはなくなったのかもしれない。

２０１５年４月の「経済・物価情勢の展望（展望レポート）」では、15年度を中心とする期間から16年度前半ごろに、同年10月の「展望レポート」では、16年度前半ごろから16年度後半ごろに変更した。その後も二度、１年のうちになんと四度も。

黒田氏によれば、原油価格が下落する前には、生鮮食品を除く消費者物価上昇率は１％を超えた、２％の物価安定目標の実現は可能だといっていたはずである。

ところが、である。

２０１４年の追加緩和に先立つ時期には、原油価格が暴落した。中国経済の変調も顕著になってきた。だから、追加緩和が必要と。異次元緩和のせいではないといわんばかりであった。

ところが、原油価格の下落がとまらなくなると、今度は、生鮮食料品とエネルギーを除くと消費者物価上昇率は１％あまりだと言い出した。価格が下落するエネルギーを除いたのである。なんとも、都合のいい説明ではないか。

そもそも、日銀が大胆な金融緩和（異次元緩和）をおこなえば、インフレ期待が高まり、設備投資や個人消費が増え、賃金も上昇するので、２％のインフレ目標の達成が2年程度で可能なはずだった。

原油価格が下落しようと、中国でのバブルがはじけようと影響されないはずである。というのは、あくまでも、デフレはマネー要因（供給不足）で発生するので、マネーを大量に供給すれば、２％のインフレ目標の達成などちょろいといわんばかりではなかったのか。

２０１７年４月の消費増税

安倍政権の「経済政策」は、もっぱら黒田日銀がになってきた。

２％物価上昇原理主義者の黒田氏は、目標物価に到達しなければ、さらなる追加異次元緩和をおこなっていくであろう。異次元緩和の逐次投入はしない、といったことなど、どこ吹く風とばかりに、である。マイナス金利幅の拡大もしかり。

ところが、国際原油価格の下落がはげしくなってきた。おそらく、中東産油国は、アメリカのシェール・ガスとオイルを狙い撃ちしていたのであろう。

中国をはじめとする新興国経済も不安定である。

だから、円安がすすんでいるにもかかわらず、いっこうに消費者物価が上がっていない。２％のインフレ目標の達成はかなりむずかしいことである。

だが、これまでの円安政策によって、石油製品以外の価格はかなり上昇してきた。デフレの象徴である牛丼も大幅に値上げされた。給料も上がってはいるものの、物価上昇に追い付かなかった。実質賃金はマイナスがつづいた。

本来であれば、日銀は円安誘導を止めて、輸入インフレを阻止しなければならない。だが、安倍政権の「主力部隊（精鋭部隊ではないようだが）」たる黒田日銀は、円安誘導のための追加金融緩和をつづけなければならない。マイナス金利の導入などはそれである。

庶民のためではなく、約束の遵守のためである。というより、「セントラルバンカー」のメンツのためか。そもそも、セントラルバンカーとしての矜持など持ち合わせているのだろうかといいたい。

まさに蟻地獄にはまりこんだ。

２０１６年７月の参議院選挙で、安倍自民党は、なんとしても勝利しなければならない。勝利はするだろうが、それでは不十分だ。圧勝しなければならない。「戦後レジーム」の大転換には、長期政権が絶対不可欠だからである。

さらに、２０１７年４月には、消費税率の８％から10％への引き上げがまっていた。安倍氏は、このときには、景気が悪くても先延ばしはしないと明言し、みずからの退路を絶ったということになっていた。

ところが……。案の定、参議院選挙で２０１９年10月まで延期することを提起した。そして圧勝した。安倍氏、国政選挙なんと四連勝だ。

黒田氏が、異次元緩和の逐次投入を強制されつづけてきた帰結である。

（2）インフレ目標は「憲法」違反

財産権の侵害

「日本国憲法」第29条は、「財産権は、これを侵してはならない。」と規定している。財産権は、私的所有を大前提とする近代市民社会における基軸概念だからである。

ところが、この財産権を公然と侵害する政策が、政府・日銀によって遂行されている。日銀が政府の圧力に屈して、２０１３年1月に採用したインフレ目標がそれである。政府は物価安定目標というがまちがいである。

それは、あくまでも、消費者物価の低位安定であって、高位安定ではないからである。

日本は、１９８０年代末の資産バブルが崩壊すると長期不況におそわれ、１９９０年代後半から消費者物価が持続的に下落するデフレーション（デフレ）にみまわれた。

このデフレは、本来であれば、政府による経済政策で克服されなければならない。不況で消費者物価が下がっているからである。それにもかかわらず、政府の無策のせいでデフレが長期化した。

ところが、２０１２年12月に安倍政権が誕生すると「デフレは貨幣的現象」という理屈で、その克服の全責任が強引に日本銀行に押し付けられた。

２０１３年1月には、それまで頑として拒否してきた２％のインフレ目標を設定し、目標達成のために、ゼロ金利政策の継続をはじめ、ありとあらゆる金融政策手段を投入する破目になった。

消費者物価上昇率を２％に引き上げるために、日銀が膨大な国債を銀行から購入し、マーケットにジャブジャブ資金を供給してきた。おかげで、円安になり、輸入物価が上がり、消費者物価は上昇してきた。

本来、経済活動が活発化すると、需要が拡大してモノの価格が上昇するとともに、求人が増えるので賃金が上昇し、消費者物価が上がる。こうして、景気が高揚していく。これが経済の正常な姿である。

しかしながら、現状というのは、その姿とはかけはなれたものである。日銀がゼロ金利をはじめとする異次元緩和をつづけることで、消費者物価率はプラスに転じた。ここに、金利と消費者物価の絶望的矛盾がある。

預金者は、銀行に預けた預金が自動的に目減りする。国債を所有している投資家も大損する。

マイナス金利は、元本が銀行に「収奪」されるというものである。元本保証を顧客にうたって預金をあつめているので、「違法行為」である。口座管理手数料は元本保証と矛盾しないという屁理屈で導入されるかもしれない。

インフレ目標もマイナス金利も口座管理手数料も、すべて「憲法」にさだめる財産権の侵害で「憲法」違反である。

自由の侵害

だから、株式や外国の金融商品や土地などの、より収益性だけでなくリスクの高い金融商品に資金を移せということになるのであろう。もちろん、マイナス金利を導入したり、口座管理手数料を取り出したらみな預貯金を引き出して、タンス預金をする。

こうして、預貯金が大量に引き出されて銀行やゆうちょ銀行はバタバタ倒産して、銀行恐慌におそわれる。

元本保証の預貯金を選ぶか、リスク商品を選ぶかは、国民の自由である。国家が預貯金者に不当な経済的圧力をくわえて、リスク商品を強制するというのは、「憲法」第12条違反、すなわち自由の侵害であろう。

日銀は、国民の財産を守るために、インフレを阻止する義務をおっている。消費税率引き上げによって消費者物価上昇率が４％になっても、それを放置すれば、「憲法」はもちろん、「日銀法」違反である。

だが、日銀は、インフレを放置せざるをえないであろう。インフレ阻止の金融政策というのは、金融の引き締めということなので、ふたたびデフレにおちいってしまうことになるからである。

デフレに対処できなかったと政治家に批判されてきた日銀は、今度は、インフレを放置しているとして、すさまじい国民の批判の嵐にさらされるであろう。

したがって、インフレ目標は「憲法違反」だという世論を醸成していく必要がある。デフレというのは、あくまでも政府の経済政策でしか克服できないからである。

（３）リフレ派の補充

２０１５年２月５日、安倍政権は、３月25日に任期を終える日本銀行審議委員の後任として、適度なインフレを起こして景気回復を、と主張するリフレ派を起用する人事案を国会に提示し、自民党が圧倒的多数をしめる衆参両院で承認された。

同年６月30日に任期を終える審議委員の後任にも、どちらかといえばリフレ派を起用した。

このように、２０１６年３月と６月に反リフレ派の審議委員が退任し、安倍政権は、まっていましたとばかりに、リフレ派を送り込んだ。

かくして、日銀の金融政策を決定する総裁・副総裁をふくめた審議委員9人のうち、じつに5名をリフレ派が占拠した。黒田総裁・岩田副総裁（二人のうち一人）は、すでに2013年3月に安倍政権から「刺客」として送り込まれている。

日銀プロパー出身の副総裁は、執行部なのでリフレ派でもないのに、リフレ派の提案に反対できない。もし反対であれば、辞任するしかない。そうすれば、安倍政権は、まっていましたとばかりにリフレ派を送り込むことは必定である。

だから日銀は、必死に副総裁ポストを死守するはずである。日銀の矜持を安倍「占領軍」から守り抜くために。ただし、現在の日銀プロパー出身副総裁にその気概があるのか、いささか疑問ではあるが。

こうして、黒田日銀は、2014年10月31日の追加異次元緩和のときのような、5対4という薄氷の決定を回避できるようになった。日銀プロパーの副総裁をふくめて審議委員会で多数派をしめたリフレ派は、採決でかならず過半数となるからだ。

2016年1月のマイナス金利の決定は、しっかりと票読みがなされていた。だから、二人のリフレ派の補充以降、黒田氏は、安倍政権の「別動隊」として、安心して、徹底的なリフレ政策（正確にはインフレ政策）を実施することできる。

ここで、日銀は、ついに安倍政権の軍門にくだることになったのだろう。もちろん、審議委員は、政府が国会に候補者を提示して、国会の承認をえるので、日銀に選ぶ権利はない。

だが、かつて世界最強の中央銀行といわれたドイツ連邦銀行をみよ。政府の意をうけた人物が総裁や理事（審議委員）として送り込まれても、ドイツ連銀の門をくぐるや、インフレファイターに変身した。それが政府から独立した中央銀行の威厳というものである。

だからこそ、ドイツ連銀は、中銀としての矜持を堅持しつづけることができた。もちろん、その背景には、インフレを絶対にゆるさないというドイツ連銀への国民の熱い支持があったのだが。いまの日本には？

もしかしたら、日本国民は、デフレを克服してくれた日銀の異次元緩和を支持しているのかもしれない。少なくとも、残念ながら、インフレ政策はやめてくれというごうごうたる国民の批判はきこえてこない。もちろん、マイナス金利の導入は、批判されている。

だから、日銀は、ヒトラーが制定した中央銀行法を踏襲した１９４１年制定の「日銀法」改悪以来、二度目の敗北を喫することになるかもしれない。一度目の敗北の帰結は、敗戦後のインフレによる庶民の預貯金の消滅であった。二度目もインフレの亢進！

3　異次元緩和の限界

（1）異次元緩和の補完策

姑息な「追加緩和」

日本銀行は、2015年12月18日に開催した金融政策決定会合で、異次元緩和を「補完」するあらたな制度の導入をきめた。

年80兆円の国債の購入により資金供給をおこなうという、それまでの緩和を継続することを賛成6、反対3で決定した。このように、三分の一が反対するような金融政策は、決定すべきではないだろう。もっと、慎重に審議したほうがいい。

反対しているのは、主にマーケット出身の審議委員だからである。

「市場の一部に資産買い入れの持続可能性に対する懸念が生じている」として、「資産買い入れのより円滑な遂行を可能にし、市場の懸念を払拭すべきである」という。

実際に「鉄火場」をふんだ委員の主張によく耳を傾けなければならない。日銀は、マーケットにはたらきかける非伝統的金融政策を実行してきているのだから。だが……

購入する国債の平均残存期間をそれまでの7～10年から7～12年にのばした。

というのは、日銀は、年80兆円のペースでマーケットから国債を買い取っており、マーケットで取引される国債が不足し、大規模な国債購入ができるのは、せいぜいあと2～3年といわれていたからだ。国債市場が機能マヒにおちいりつつある。

なんたることか。

そこで、平均残存期間の長い国債を購入することで年限の短い国債の不足を解消しなければならなくなった。国債の平均残存期間の長い国債の購入には、ここでも3人の審議委員が反対した。とうぜんのことだろう。

不動産投資信託であるJ－リートは、個別銘柄の保有制限が5％から10％に引き上げられた。この制限の緩和により、約4000億円分のあらたな買い入れが可能になり、今後4年間はJ－リートの緩和がつづくといわれている。

補完策とは

異次元緩和の「補完策」として、あらたに設備投資や賃上げに積極的な企業の株式を組み込んだ上場投資信託（ETF）を年3000億円購入する。2016年4月から開始した。黒田氏は、記者会見で「量的・質的金融緩和を補完するもの」と説明した。

ETFの追加購入にも、3人の審議委員が反対した。

じつは、日銀は、平成大不況期の2002年11月に金融システム不安の解消のため、金融機関の保有する株式の購入をはじめたが、16年4月から売却を開始した。

日銀保有株式の売却を3000億円、ETFの購入を3000億円にすれば、プラスマイナス・ゼロで株式市場に影響をあたえることがないから、というのが「補完」というゆえんである。

強い経済をつくるには、企業に設備投資や賃上げをうながす必要がある。日銀は、そのような企業に金融機関が率先して融資をするような貸出支援制度を実施してきた。この制度の1年延長をきめた。

さすがに、これに反対する審議委員はいなかった。満場一致である。このような金融政策をどんどん実行したほうがいい。強い経済を構築することを金融政策面でサポートするのが、中央銀行の役割だからである。

(2) 異次元緩和も限界に

住宅ローン債権も担保に

日銀がかたくなにつづけている異次元緩和なるものの限界と弊害が、ますます表面化してきた。そこで、ふたつの措置を導入せざるをえなくなった。

ひとつは、日銀は「補完策」で、購入国債の平均残存期間を7〜12年にのばしたが、金融機関から受け入れる担保に住宅ローン債権などもみとめたことである。それは、近いうちに、金融機関が保有国債を売却できなくなるからである。

日銀が購入する国債は年80兆円という巨額であるが、２０１６年度には、好景気による税収増で新発国債発行額は34兆４３２０億円に減少してしまう。だから、45兆円以上の既発国債をマーケットから購入しなければならない。

ところが、それまでの2年半で金融機関は、大量発行によってリスクが高まりつつある国債を70兆円あまり売却した。国債価格が暴落すれば、金融機関は膨大な損失をこうむるからだ。倒産しかねない。

だが、ある程度の国債は、日銀の金融調節の担保として必要なので、これ以上の国債をどんどん売ることはできない。そこで日銀は、とうとう国債以外の担保も受け入れざるをえなくなったのである。

２０１５年11月に日銀が金融機関から受け入れている担保81兆円のうち43兆円が国債である。この43兆円分が住宅ローン債権などに振り替われば、その分、日銀が購入できるようになるというわけである。

それでも、せいぜい1年ちょっとであって、場当たり的な対応である。日銀は、なにをかんがえているのか。

国債補完供給制度の拡充

もうひとつは、ウルトラCともいうべき措置を導入したことである。日銀が2004年に導入した国債補完供給制度がそれである。

これは、証券会社が顧客の投資家に売却するはずの国債をマーケットから調達できないような非常事態が発生したばあい、一時的に日銀から国債を借りる制度である。

日銀の異次元緩和の異常さは、この制度の利用急増に顕著にあらわれている。日銀の国債買い占めによって、マーケットに出回る国債がなくなりつつあるからだ。

マーケットでの国債の流動性がいちじるしく低下すると金利の上昇など副作用がはげしくなるなど、債券市場の機能が低下してしまう。そこで、この制度が導入された。

2015年の補完供給の利用は、過去最大の1兆6111億円と、14年の4948億円のなんと三倍だ。異次元緩和の「補完措置」では、おなじ銘柄の国債を借りる日数の上限をそれまでの15日間から50日間と大幅にのばした。

10日間を超えておなじ銘柄を貸し出した例はない。これに先立つ2015年8月には、国庫短期証券（短期国債）も貸出対象となり、10月に2回ばかし利用された。

異次元緩和というのがいかに異常な政策かをしめすものである。なにせ、国債市場を機能不全におとしいれてしまうのだから。だから、マーケットの機能維持策が必要となり、それを見越した延長なのであろう。

これらの異常な措置をみても、異次元緩和なるものが、非伝統的金融政策などともいえず、いかに常識外れなのかがわかるというものである。

（3）銀行の保有国債売却と海外融資

銀行の保有国債の売却

1000兆円超の政府債務残高があったとしても、しばらくは、国債の消化に支障をきたすことはない。日銀に「経済政策」をになわせれば、さほど財政出動をしなくてすむとかんがえられるからである。

ここに安倍政権の巧妙さがある。

もちろん、年間40兆円あまり（2016年度は34・4兆円、ただし一時的だろう）の新規国債の発行はおこなわれる。もっぱら、日銀が購入している。もちろん、日銀は、国債（玉）が減っているため、購入に神経をすり減らしているが。

ところが、銀行、とくにメガバンクは国債投資を減らしている。

三菱東京ＵＦＪ銀行などメガバンクは、2015年の1年間で13兆円の保有国債を売却した。３メガバンクの国債保有額は、9月時点で56兆円であったが、2割もの国債をなんと1年で売却したのである。

それは、金融機関の健全性確保のために国際的な規制強化をはかっている国際決済銀行（BIS）では、金利変動リスクを考慮して、銀行資産の保有量を制限する規制が議論され、実施される見込みだからである。

日米欧諸国の国債というのは、従来、リスクはゼロであった。その前提は、あくまでも財政危機などおこるはずがないということであった。

ところが、日本では、大量の国債が発行され、もっぱら平成大不況下で健全な融資先がない銀行が購入してきた。だから、政府は、いくらでも国債を発行することができ、財政規律がゆるみっぱなしである。

ところが、平成大不況期に８００兆円あまりも国債が増発され、いつ価格の下落、長期金利の上昇がおこってもおかしくなくなってきている。もちろん、マイナス金利導入のおかげで、とりあえずは、15年物国債までマイナス金利になっているが。

そのため、三菱東京ＵＦＪ銀行は、２０１６年7月に国債入札に特別な条件で参加できる資格（プライマリー・ディーラー）を財務省に返上した。マイナス金利政策のもとで国債を保有しつづければ、損失が発生する可能性が高いからである。

ギリシャのように消化不良で国債価格が下落すれば、必然的に銀行に膨大な損失が計上され、経営危機におちいり、金融不安が一挙に表面化する。銀行恐慌が勃発する可能性もある。だから、メガバンクは、規制強化にそなえ保有国債を減らしてきた。三菱東京ＵＦＪ銀行は、プライマリー・ディーラーの資格すら返上した。

さいわい、日銀が異次元緩和で大量の国債を高く買ってくれている。日銀が買ってくれなければ、値段を下げて売らなければならない。膨大な売却損がでるので、なんともありがたいことだろう。

しからば、日銀は、規制の対象にならないのかという素朴な疑問がでてくる。不思議なことに、ならない。

日銀の財務内容が危機的状況におちいれば、日銀券が紙屑化し、すさまじいインフレが発生する。庶民の生活が破壊され、銀行倒産よりも、はるかに庶民にとって被害が大きいのに、である。

２０１５年には、日本国債の保有額で日銀が、民間銀行を上回った。なんと、40年ぶりのことである。

邦銀の海外融資が首位に

平成大不況期にわが国の銀行（邦銀）は、安全な資金運用先として、もっぱら国債を購入して、少ないながらも貴重な利益をあげてきた。ところが、政府は、国債の利回りが低下してきたことをいいことに、安易に国債を発行してきた。国債はどんどん消化されたからである。

ところが、日本国債の発行残高がついに８００兆円を超えるまでに膨れ上がり、円満な償還に黄信号（赤信号かも）が灯ると、ＢＩＳは、国債もリスク資産とみなすようになった。

そこでこれさいわいと、銀行は、いくらでも国債を買うという日銀に国債を引き取らせている。しかも、ついにマイナス金利で、である。

とすれば、銀行、とりわけ大銀行は、国債にかわってどんな運用をしているのか。アジア向け融資など、海外投融資である。

ＢＩＳの各国の海外投融資残高統計によると、比較可能な１９９９年以降、２０１５年の３月と６月に世界一になったという。日銀のおかげで、邦銀のグローバル化、世界一、となったのであろうか。

だが、そうでもないらしい。

金融大国であるイギリスは、資源価格の暴落や国際的な金融規制の強化で、国際業務からかなり撤退している。海外投融資では、７年間首位を維持したが、２０１２年３月末に４・３兆ドルでピークとなった後、２割も減少している。

アメリカは、２０１３年３月末の３・４ドルから６％減少している。アメリカの格付け会社ムーディズ・インベスターズ・サービスによるとヨーロッパの銀行全体で、15年上半期で500億ユーロの資産を売却した（「日本経済新聞」2015年12月28日）。

なんのことはない。

欧米金融機関が資源国や新興国から手を引いてきたので、相対的に首位にのし上がっただけのことで、残念ながら、けっして、邦銀のグローバル化の帰結ではない。

欧米銀行がリスクの高まる国際業務から撤退をはじめているのに、邦銀は、「能天気」に海外投融資を拡大してきている。3大メガバンクは、過去2年間で海外投融資を6割も増やし、2015年6月末の残高は42・4兆円と融資全体の約4割もしめた。

もしも、融資の4割も不良債権化すれば、深刻な金融システム不安におちいる危険性が高まる。そうすれば、日銀は、銀行に特別融資（日銀特融）をおこなうだけでなく、株式も購入するのだろうか。

4　異次元緩和の悲惨な結末

（1）中銀機能のねじ曲げ

国債金利もマイナスへ

日銀の異次元緩和で、とりあえず円安と株高を維持できれば、税収は増加する。事実、政府は、2016年度は57・6兆円あまりの税収を見込んでいる。

日銀が政府の経済政策をになうということは、もっぱら巨額の国債のほか、株価など指数連動投資信託（ETF）・不動産投資信託（J－リート）を買い続けるということである。マイナス金利の導入も広い意味ではそうだろう。

こうしたなかで、もしも、国債の利回り（長期金利）の上昇、すなわち国債価格が暴落するということにでもなれば、もっぱら国債に投資している金融機関に膨大な損失が発生し、金融恐慌が勃発する。

日銀のマイナス金利の導入で15年物国債までマイナス金利になっているのに、国債利回りの上昇などマーケットはかんがえていないということである。しかし、どうみてもこれから15年間、消費者物価上昇率ゼロ（ないしマイナス）とはとうていかんがえられない。

国債の発行金利が上昇する可能性が高いが、そうなれば、政府には、膨大な利払い費が発生する。800兆円超の国債発行残高をかかえる現在、もしも30兆円、40兆円、50兆円の利払い費となれば、国家財政が破綻してしまう。

さいわいなことに、黒田氏が円安誘導をおこなうには、国債を買い続けるしかないので、国債価格は暴落しないし、長期金利が上昇することはない。というよりも、6年連続して低下している。

２０１５年末には、新発10年物国債の利回りは０・２７％まで低下した。16年２月には、マイナス金利の導入で10年物国債金利もついにマイナスとなった。ちなみに、16年６月には、ドイツの10年物国債利回りがはじめてマイナスとなった。

政府・企業は利子をもらって債券発行

満期までの期間15年以下の国債の利回りがマイナスになるなかで、発行金利もマイナスとなっている。

マイナス金利で国債を発行できるおかげで、政府は、マイナス金利政策が導入されてから３月中旬までのわずか1カ月ちょっとで、なんと少なくとも５５０億円あまりの利子（超過収入）を獲得できたという。

超長期国債もあるので発行残高９００兆円あまりの国債が、すべてマイナス０・１％あまりの発行金利となることはないが、５００兆円としても政府は、単純計算で年間５０００億円もの利子（超過収入）を獲得できることになる。おかしな時代だ。

２０１６年3月28日、三井住友ファイナンス＆リースは、短期社債の一種であるコマーシャル・ペーパー（ＣＰ）を年率マイナス０・００１％で発行した。民間企業でもはじめてマイナス金利で社債が発行された。

マイナス金利ということは、満期（償還期間）まで債券を保有すると、利子と元本とあわせても、満期に償還される元本よりも少ない、すなわち、投資家が損をするということである。銀行が日銀に設定している当座預金の一部にマイナス金利が適用されているが、そのマイナス幅が現金の保管費用を下回っていれば、銀行はあえてマイナス金利を支払う。ところが、マイナス金利で国債や社債を購入する民間投資家はいない。

それにもかかわらず、国債や社債でマイナス金利が成立している。そのからくりは、マイナス金利でも買ってもらえるということにある。

銀行が、国債や社債をマイナス金利で買っても、それを日銀が、買った値段よりも高く買ってくれるからである。日銀は、金利を下げたいので、高く買えば金利は下がる。

日銀は、買った国債や社債を持ち続けることになるので、満期に償還すると、日銀には、巨額の損失が発生する。満期前に売却すると金利が上昇してしまうからである。

マイナス金利で国債を発行すれば、国には、巨額の利子（超過収入）が転がり込むが、日銀には、すさまじい損失が発生する。結局、赤字決算となって国庫納付金がゼロになる。国の利益と日銀の損失で、国の利益はチャラになる。

マイナス金利での社債購入による損失は、そのまま日銀の損失になるので、国の利益はさらに減る。

現行の「日本銀行法」では、政府による損失補填条項が削除されたが、日銀の経営危機に対処するために、国は、日銀に損失補填をせざるをえなくなる。そうしないと、日銀券への信認の欠如により、インフレが亢進してしまう。

もうひとつは、外資がドル資金をプラス金利で貸し出すと、マイナス金利でも債券を購入できることである。ドルを0・5％で貸し、マイナス0・3％の債券を買っても利益がでる。

「最後の国債購入機能」

中銀の重要な機能は、ある銀行が倒産したら、それが波及しないように、健全な銀行に資金供給し、銀行恐慌の勃発を未然にふせぐことにある。これが、中央銀行の「最後の貸し手機能」といわれるものである。

現在では、ギリシャのように国債を誰も買わなくなってマーケットが崩壊しそうなときに、もっぱら中央銀行が国債の買い手に踊り出て、マーケットをささえている。これが、中央銀行の「最後の国債購入機能」とでもいうべきものである。

日銀は、2015年末に国債保有額が331兆円規模、国債保有シェアも32％に到達した。アメリカの中央銀行（FRB）は、米国債の2割弱しか保有していない。

日銀の国債購入額は、新規発行のじつに2倍以上の異常さである。まさに、政府の財政赤字を日銀が穴埋めする財政ファイナンスそのものである。日銀の「最後の国債購入機能」の本領発揮ともいうべきものである。

だが、日銀は、ギリシャのように、マーケットをささえるというような受動的なものではなく、マイナス金利まで導入して、能動的かつ意図的に長期金利引き下げ策をとっているところに事態の本質がある。

だから、安倍政権から日銀に強制されているミッションは、「最後の国債購入機能」だけではない。まさに「最後の証券購入機能」である。

「最後の証券購入機能」

株価を引き上げるために、安倍政権は、年金積立金管理運用独立行政法人（GPIF）などにリスク資産である株式を大量に購入させている。虎の子の年金資金を「バクチ」に投入させているのである。

GPIFなどの公的資金の株価引き上げ機能が低下すると、もっぱら日銀に株式購入が期待され、押し付けられる。これが、日銀の「最後の証券（株式）購入機能」とよぶべきものである。

日銀の円安誘導は、国債・ETF・J-リートの購入という異次元緩和でおこなわれてきた。それはまた、マイナス金利導入と国債の購入で長期金利を引き下げ、ＥＴＦの購入で株価を引き上げるばかりか、Ｊ－リートの購入で地価を上昇させるためである。

まさに、「最後の証券（Ｊ－リート）購入機能」、すなわち「最後の土地価格引き上げ機能」もはたしているといえよう。実際に、不動産市場だけは高揚している。

「土地本位制」の日本では、土地価格が引き上げられると土地担保融資が活発になり、「信用創造機能」が発揮される。そのことによって、政府と日銀は、幻想の経済成長の進展を期待しているのであろう。

こうした、中銀にとっての禁じ手であるさまざまな機能を安倍政権から押し付けられることで、瀕死の状態にある日銀は、とうとう終末をむかえる。

（２）悲惨な異次元緩和の顛末

責任とって総裁・副総裁辞任か

日銀の黒田総裁・岩田副総裁は、２０１７年度中に消費者物価上昇率が２％に到達しなければ、おそまきながら辞任するのだろうか。岩田氏は、就任時にそう大見栄をきったからである。

ただ、総裁・副総裁の任期は、２０１８年３月である。辞任しなくても、任期切れとなってしまう。辞任というのは責任をとるということである。任期切れとなれば、責任をとるということにはならない。

原油価格が下落し、個人消費が冷え込み、実質賃金が低いままの状況のなかで、２０１６年にはいってから円高が進行し、２％の物価上昇率の実現というのはかなりむずかしい。

もしかしたら、インフレ目標２％が実現するまで、もう一期つとめるかもしれない。

インフレ目標が達成できないのは、マイナス金利付き量的・質的緩和が有効であるにもかかわらず、原油価格の下落、新興国経済の低迷、アメリカ経済の低迷、最近では、イギリスのEU離脱問題、などによるものと言い続けてきたからである。

ところが、２％達成の障害であった原油価格は、２０１５年あたりから低位安定化してきている。むしろ、上昇傾向すらみられる。だから、おそくとも２０１６年中には、インフレ目標は達成できるはずである。

そんなことはないだろうが、よしんば、総裁・副総裁が責任をとって、２０１８年３月前に、自主的に辞任すれば、安倍首相は、さらに過激なリフレ派の人物を総裁・副総裁にすえることだろう。圧倒的多数をにぎる政権与党は、かならず承認するからである。

２％インフレ目標達成の切り札は、日銀の国債直接引き受けである。現在の審議委員のなかには、明示的にではないが、国債の直接引き受けによりインフレをおこせと主張した人物がいる。もちろん、他人の言葉を借りての主張であるが。

２０１６年７月の参議院選挙でも圧勝し、安倍氏が、14年師走選挙をはじめ国政選挙で四連勝したのは、ひとえに、元祖リフレ派総裁・副総裁のおかげである。安保法制のゴリ押しができたのもそうだ。

安倍氏は、リフレ派様々とばかり、足をむけて寝れないだろう。

むずかしい２０１７年度中のインフレ目標達成

安倍氏が政権に返り咲いてから、その経済政策は当初、大成功したかにみえた。その唯一の要因は、円安に大転換したことにあるが、けっして、安倍氏がみずからの政策であると主張してやまない日銀の異次元緩和のおかげではない。

円安への転換は、すでに日本が貿易赤字基調に転換していたこと、安倍政権の対米協調姿勢を明確にさせるために、アメリカ政府が日銀による円安誘導を黙認したことによるものである。もちろん、日銀の異次元緩和がきっかけとなったことはいうまでもない。

ところが、米中央銀行ＦＲＢが量的緩和やゼロ金利政策をやめると、アメリカの経済が変調をきたしてきた。２０１６年になると大統領選挙が本格化してきた。いつまでも、安倍政権の円安誘導を容認するわけにはいかなくなった。

２０１６年４月15日、ルー米財務長官は、ワシントンで開催された20カ国・地域財務相・中央銀行総裁会議（G20）後の記者会見で、「最近は円高が進んだが、為替市場は秩序的」との べ、日本の円安誘導を牽制した。

そして、ついに29日、米財務省は、貿易相手国の通貨政策を分析した半期為替報告書で、対米貿易黒字が大きい日本や中国やドイツなど５カ国・地域を監視リストに指定した。不当な通貨安誘導をおこなえば、為替操作国として制裁が発動されることもある。

アメリカはついに、日本の円安誘導をみとめない方針に大転換した。

米中央銀行ＦＲＢは、２０１６年４月27日に追加利上げを見送ったが、翌28日に開催された日銀の金融政策決定会合で、金融政策の現状維持が決定された。

原油価格の暴落により、日本の貿易赤字幅が縮小していたこともあって、１ドル１０５円まで急激に円高がすすんだ。

２０１６年６月23日にイギリスのＥＵ離脱が国民投票で決定されると急激な円高がすすみ、一時、１ドル１００円を割り込んだ。

このまま円高がすすんでいけば、輸入物価が下落し、値上げされてきたものが、また値下げされる可能性が高まる。２％のインフレ目標の達成が、かなりむずかしくなっていくことは必定である。

際限なき追加緩和へ

現行の総裁・副総裁は、２０１８年3月に任期満了で退陣する。２年どころか、５年かかっても、インフレ目標の達成ができずにお役御免だ。

次期総裁と日銀プロパーをのぞく副総裁は、さらに過激なリフレ派が選任されることはまちがいない。

新執行部のもとで、日銀は、２％のインフレ目標達成のために、さらなるマイナス金利付き量的・質的金融緩和（異次元緩和）がおこなうであろう。プラス金利への転換など、日銀の非をみとめることになるので、できようはずもないからである。

しかしながら、ＥＣＢのようにマイナス０・４％の金利、年間80兆円から１００兆円・１２０兆円と国債購入の増額、ＥＴＦやＪ－リートの大幅な買い増しなどはできない。

ところが、日銀は、できることはなんでもやるといっている。とすればできることとはなにか。

「財政法」５条の但し書きを悪用しての国債の日銀直接引き受けをおこなって、公共投資の資金をふんだんに政府に提供することだ。東京五輪・パラリンピックの成功のためという「錦の御旗」のもとに。

個人消費が拡大しなければ、日銀が、ヘリコプターから日銀券をばらまくごとくにマネーを供給し、お金をつかってもらう。いわゆる「ヘリコプター・マネー」のマーケットへの供給（もちろん間接的に）である。

このふたつは、やろうとおもえばできる。貨幣がばらまかれると、大規模に新規需要が喚起されるので、消費者物価が上昇する。貨幣という特殊な商品だけこそが、供給が需要を生み出すことができるからである。

かくして、ついに日銀の最期を告げる鐘が鳴る。

日銀のバランスシートは、危機的な状況にまで膨れ上がるからである。

日銀の総資産は、２０１６年３月に３４９兆円となり、ＧＤＰ比で６割あまりと、欧米中銀の２割程度とくらべて突出した規模となっている。13年３月には、１６５兆円あまりだったが、わずか2年半で倍以上となった。

これは、強引な円安誘導のための異次元緩和によるものである。それでも、消費者物価上昇率が２％にとどかない。原油価格の暴落や中国経済の失速のせいばかりにはしてられない。

もちろん、２０１５年になると追加・追加の異次元緩和は、そろそろやめてくれという声が大きくなっていった。16年年頭の主要企業の社長へのアンケートでも、追加緩和が必要というのは皆無であった。

政権側でも、もういいのではという意見がでてくるようになってきた。

とうぜんである。

さらに強力な追加異次元緩和をおこなえば、１ドル１０５円近辺の円ドル相場が、１ドル１３０円、１４０円になるはずである。

すでに、アメリカの中央銀行（ＦＲＢ）は、２０１４年10月に量的緩和を終結した後、15年12月にはゼロ金利を解除し、金融引き締めに転換している。

さらなる円安になれば、ただでさえ上がっている輸入物価がさらに上昇し、２％に近づくかもしれないが、庶民の買い控えは、ますますはげしくなる。それは、以前からいわれてきたことである。個人消費が冷え込んで景気がさらに後退する。

円安誘導は、輸出大企業におおいに儲けさせた。おなじ量を輸出しているのに、売り上げは１・５倍に跳ね上がった。なんにもしなくても。

ところが、である。

国内を相手にしている中小企業は、あまり恩恵をうけていない。消費の冷え込みで価格は上げられないのに、輸入価格の高騰で調達コストが跳ね上がっている。さらなる円安で、バタバタ倒産してしまうだろう。これ以上の円安はゴメンだ、が率直な気持ちだろう。

こうしたなかで、日銀は、２０１６年2月にマイナス金利と導入いう目先をかえた「禁じ手」の金融緩和をおこなった。

マイナス金利への批判

２０１６年4月14日に、三菱ＵＦＪフィナンシャル・グループ社長は、都内での講演で、マイナス金利は、家計や企業の「懸念を増大させている」と、日銀の金融緩和を公然と批判した。

日本商工会議所会頭も4月27日の記者会見で、マイナス金利政策は、「効果があまり認められない。さらに緩和を強化することについては賛成できない」と強調した。

日銀の金融政策について、銀行界や財界からこうした公然とした批判がでてくるというのはあまりきいたことがない。

メガバンク社長の批判にたいして、黒田氏は、２０１６年4月28日の金融政策決定会合後の記者会見で次のようにのべている。

「金融政策は金融機関のためではなく、日本経済全体のためにやっている。緩和でも引き締めでも、金融機関の賛成・反対で金融政策を決めることはない。」

もちろん、金融政策を策定するさいに、日銀が金融機関の意見をきくことはない。そもそも、民間銀行を市中銀行と「蔑んで」いる日銀のことだから。

だから、メガバンクや証券界出身の日銀の審議委員が、ことごとく執行部提案の金融緩和に反対するので、とうとうメガバンク出身の審議委員がすべて放逐されてしまったのであろうか。

マーケットに熟知した審議委員がひとりもいなくなって、日銀は、「金融仲介機能を十分に機能」させるような金融政策をほんとうに策定・遂行できるのであろうか。いささか疑問である。

黒田氏は、日本経済全体のためにやっているというが、むしろ日本経済をダメにしているのではなかろうか。だから、ＩＭＦやＢＩＳからも批判されるのであろう。

異次元緩和の帰結

国債の直接引き受けや文字どおりの「ヘリコプター・マネー」などできようはずもないので、２％のインフレ目標達成のために、マイナス金利付き量的・質的金融緩和の追加緩和を際限なくつづけざるをえないであろう。

日銀は、「麻薬」と化しつつある日銀マネーを大量供給するとともに、金利をマイナスに引き下げつづけるしかないのである。

しつこいようだが、事態の本質は、ただ一点。安倍氏の「憲法」改正（正確には改悪）という政治的野望の達成のために、株価の引き上げなどによって、内閣支持率を高く維持しなければならないというところにある。

そのためには、もはや破綻しつつある公的資金による株価の引き上げ策だけにたよることはできない。そもそも強い経済など構築できるはずもない。そうであれば、国民が望んでいる子育て支援や福祉の充実がなされれば、内閣支持率は上昇する。

それはそれとして、いいことである。ただし、大企業や大金持ちから庶民への所得の配分替えであれば、ということであるが。もちろん、安倍政権にそんな発想はまったくない。

結局は、財政資金が必要である。国民の待ち望んでいる東京五輪・パラリンピック景気を作り出すにも、膨大な財政資金が不可欠である。

好景気になれば、税収が増えるといっても、２０１６年度予算でも８％への消費増税をのぞく純増は10兆円そこそこにすぎない。おそらく、１９８０年代末の不動産・資産バブル以降で最高の税収はこの予算案でおしまいだろう。

消費税率の10％への引き上げ延期を国政選挙の争点にして二度（２０１４年の総選挙と16年の参議院選挙）も圧勝したので、消費税率10％に引き上げることはむずかしくなった。

となると、日銀の「財政ファイナンス」の全面出動ということにならざるをえない。中央銀行の変形「最後の貸し手機能」の本領発揮である。

異次元緩和の逐次投入で再度の円安誘導に成功すると、輸入インフレがさらにすすむ。

これが中銀の金融政策（とくに非伝統的金融政策）の失敗によるインフレの亢進である。

輸入インフレがはげしくなれば、もはや日銀が円安誘導をおこなわなくても、円安がすすむ。そうすると、外資が日本から大挙して、逃げていくので、株価も地価もさらに下落していく。

通貨安が、通貨高よりはるかに怖いのはそのためである。日本国民はこのことをあまり理解できていない。円安で喜ぶのは、日本人くらいのものである。新興国は、インフレ阻止のため、自国通貨安に利上げで必死に対抗している。

たとえ、日銀が国債を大規模に買い支えたとしても、日銀が売却したとたんに暴落する。下落するのを承知で民間金融機関が国債を保有しつづけるはずもないので、売却された国債も日銀が買い取らなければならない。担保国債も住宅ローン債権などに入れ替える。

株価と地価を日銀マネーで強引に引き上げても、実体経済が弱いままでは、まさしく「日銀バブル」にすぎない。だから、日銀が買い支えないかぎり、株価と地価が暴落する。

こうして、リスク資産を大量に買い取った日銀は、天文学的な含み損をかかえ、発行日銀券の信認が地に落ちる。すなわちインフレが亢進する。これが、政治に敗北した日銀のあわれな姿にほかならない。

ＧＰＩＦや共済年金にも膨大な損失が発生し、年金が十分に支払えなくなってしまう。高齢者の生活は破壊される。虎の子の預貯金も消えてしまう。年金運用での損失と預貯金元本の減価のダブルパンチで、ひとびとの生活がますますきびしいものになる。
というより、生活崩壊だ！「お国のために」の帰結として……
政府の軍門にくだり、安倍政権の「尖兵」となった中央銀行の姿はみじめである。

柳澤悠氏を悼む

水島　司

二〇一五年四月、柳澤悠氏が逝去された。享年七〇。この数年間、矢継ぎ早に重要な業績を出され、まさに脂ののりきった時点での惜しんでも惜しみ足りない死であった。

東京大学経済学部・同大学院を修了された頃の氏は、インド綿業・日印会商問題などを中心に、アジアの経済問題に取り組まれていた。インド省文書館での資料調査を基に、植民地支配下のインドの手織業のしたたかな生き残りに注目され、「インド在来織物業の再編成とその諸形態」（『アジア経済』一九七一年、第七二号）を発表された。

氏の研究が大きな転機を迎えたのは、七〇年代末から故原忠彦アジア・アフリカ言語文化研究所教授が組織された「南アジアの大河流域における農村社会の研究」プロジェクトへの参加だった。南インドで実施された調査で、氏はアッパドゥライ村という灌漑米作村に住み込み、同村の長期的変化について、数か月を超える聞き取りと資料調査を実施された。この調査を起点として、『南インド社会経済史研究　下層民の自立化と農村社会変動』（東京大学出版会、一九九一年）をはじめ、*A Century of Change: Caste and Irrigated Lands in Tamilnadu, 1860s to 1970s* (Manohar 1996)、最後の大著で二〇一四年度「国際開発研究大来賞」受賞の『現代インド経済　発展の淵源・軌跡・展望』（名古屋大学出版会、二〇一四年）などの著書や論文を発表された。

これらの研究で、繰り返し氏が取り上げたのは、下層民の自立過程であった。植民地支配期に、「不可触」という語で象徴される差別を受けた不可触民は、氏が調査した村とその周辺で二〇世紀初めから注目すべき社会運動を

評論　No.204
2016. 7

日本経済評論社

起こし、さらにはわずかずつではあるが農地を獲得してきた。不可触民の台頭を裏付けようと、私と共に一〇〇村以上の土地台帳の電算機処理に取り組んだ氏は、出始めたばかりのパソコンに自らソフトを組んで処理を進め、多くの村で不可触民が土地を獲得していった事実を明らかにした。氏はその後四半世紀を経てこの村落を再調査され、不可触民の動きだけではなく、村内の各階層の教育、農外雇用、消費、都市との連関などについての情報を集め、近年のインドの動向に関する理解について確信を深められたように思う。

　こうした研究のひとつの集大成が、先に紹介した『現代インド経済』であった。そこでは、インドの近年の経済発展が一九九一年に始まる経済開放政策を起点とするという通説に対して、離陸への動きは八〇年代から既に顕著であり、さらには、一九世紀末からの農業生産の発展までその起源を遡りうるとして、より長期的な変化の中に現在を位置づけることを求めた。さまざまな議論が同書で展開されているが、真骨頂は、現在の発展の基盤を、農村部、とりわけ農村下層の人々の経済的台頭と農村部での消費の増大に求めている点である。近年消費の担い手として注目される都市中間層に農村大衆を対置し、後者の消費こそがインド経済の発展を支えているという氏の主張は、氏の村落研究の実感に根ざす。また、「農村・都市インフォーマル部門経済生活圏」という概念を提示し、農村部の低教育・低賃金・不定期移民労働者が都市部の低技術・低賃金・低コストのインフォーマル部分の労働者として雇用され、そこで生産される見栄えだけの低品質の製品——これを偽ブランド製品と名付けている——が消費される循環が成立する空間こそが近年のインド経済の発展を左右していると説く。

　この大著の執筆に前後して、氏と私は大型の科研費「インド農村の長期変動」プロジェクトに取り組み、『激動のインド　第四巻　農業と農村』（日本経済評論社、二〇一四年）および『現代インド　第二巻　溶融する都市・農村』（東京大学出版会、二〇一五年）を共に編纂した。それらにおいて、氏は、インドの経済発展に関して、結論として悲観的な議論を展開する。インドの経済格差は中国と較べても大きい。さらに大きな問題は、階層間の格差が非流動的であり、農村での地主と農業労働者、あるいは上位カーストと下位カーストというような格差が、そのまま都市就業での格差構造へと移行し、大企業・中小企業、フォーマル・インフォーマル部門、同じ職場での上級職・下級職と固定的に分別されることにある。残念ながら、この格差は経済発展を経ても基本的には維持されてきた。

大きな格差を抱えながらも経済発展が継続するのであれば、生活の底上げも実現されるであろう。であれば、格差自体の存続は資本主義社会の業として仕方がないことかもしれない。しかし、氏は、そうではないと言う。インドの経済発展が前述の「疑似ブランド品」、つまり低品質で価格のみ安い商品が、低賃金で雇用の不安定な労働者の消費需要を満たす形で経済発展を率いてきたという事実そのものが、今後の経済発展の大きな制約要因になるからである。

かつてのインドは、極端な保護の下での輸入代替政策を推し進め、そのことが高コストで低品質の、国際的な競争力の無い産業を育ててしまった。それに対し、近年のインド経済は、上述の「農村・都市インフォーマル部門経済生活圏」での消費に支えられて発展を遂げてきた。しかし、そのことが、技術水準や商品の品質の向上、産業構造の高度化の速度を極めて遅いままで推移させる。

八〇年代からの輸出拡大を牽引してきたアパレル部門についても、その主体となった小規模・零細工業の担い手は、安価で流動的で熟練度の低い低学歴の労働者である。そして、かれらの技術向上を図る制度はない。安価な労働力を酷使して低価格市場を席巻したとしても、長期雇用労働者を企業内での技術形成システムで技術向上をさせシェアを拡大させている中国に対抗しうる力はない。管理層と労働者層の大きな格差と断絶は、労働者の仕事へのコミットメントを大きく弱めている。全体として、インドの経済発展に大きな展望はない。

これが氏の展望である。その背後に、下層の人々の経済的向上こそが、経済全体を活性化させ、人々の幸福と社会の繁栄を導くのだという氏の確信がある。

五〇年近い歳月をインド研究に、とりわけ下層の人々に捧げた柳澤氏の死去は、インド研究者にとってだけではなく、インドにとって大きな損失である。氏から、『現代インド経済』の英訳とケンブリッジ大学出版会からの出版を託された私は、その実現によって氏の期待とインドの期待に応えるつもりである。

［みずしま つかさ／東京大学教授］

定年技術者が経済史研究

――『中島飛行機の技術と経営』を上梓して

佐藤　達男

文系学問には縁のなかった技術者が還暦を過ぎて始めた経済史研究が、古希を過ぎて博士論文となり、加筆・改稿して上梓することができた。先輩、友人の多くからはチャレンジ精神を評価され、自身も第二の人生の目標を達成した感慨はある。定年後になぜ経済史研究を始めたか。特に深い考えがあったわけではない。富士重工業で四〇年近くを技術者として航空機開発に従事し、やれる所まではやったというやり尽くし感があった。残りの人生は理系から離れて文系の勉強に取り組んでみたかったのである。それが徐々に研究の面白さという深みにはまって、博士論文を執筆するところにまで至ったというのが実態である。結果的には航空技術者としての知見、知識を生かして戦時期航空機産業史を研究することになったのであるから、全く理系から離れられたわけではなかったが。

研究対象に対するいわゆる土地勘、興味のありようから、戦時経済→航空機産業→中島飛行機と研究テーマを絞り込んでいった。富士重工業の前身である中島飛行機にシンパシーを感じていたことが、中島飛行機を研究テーマとした最大の理由であった。研究テーマを絞る過程は容易なものではなく、研究期間も半ば以上を過ぎてからやっとたどり着いたものである。技術者が経済史研究を志して困ったのは、経済史研究の基礎的知識がないことであった。博士論文の論点は専門的でかつ新規性、独創性が必要とされることは当然で、論文執筆と併行して研究史を辿り、従来の中島飛行機研究に新たな知見を加えるよう努力した。第一は中島飛行機単独ではなく三菱重工業をベンチマークとして企業間比較の視点を取り入れたこと、第二は機体およびエンジンの技術的側面、性能、生産能力、生産性、価格、財務諸表等をできるだけ数値的に評価することであった。企業間比較では、数値による公平性の担保は必須のものであるという考えからである。第三には、アメリカ航空機産業およびアメリカ軍機との比較も行い、世界における中島飛行機の技術的位置付けを行うことであった。

歴史資料のデジタル化、インターネットによる公開が進み、アクセス、検索が容易になったことは幸いであった。ネット社会以前であれば、資料の検索、収集に、より長期間を要したであろう。美濃部洋次文書、大本営「密大日記」、持株会社整理委員会資料、米軍の公開資料などから、従来の中島飛行機研究では触れられなかった記述、データを新規に発掘することができた。占領軍がまとめたアメリカ戦略爆撃調査団報告書は戦時経済に関する資料の宝庫で、この報告書に記載されたデータの精査、処理、分析により従来の研究レベルを超える知見を提示することができた。理系の出身である利点が生かせた部分である。

企業の創業理念はどのようにして引き継がれ、社会に受け入れられる企業風土はどのようにして醸成されていくのであろうか。最近の、日本の伝統企業の企業統治能力の劣化と不祥事の続発をみるに、これらを達成するのは大変困難なことであると考えられる。年々歳々人は変わる、世の中も変わる、企業環境も変わる。企業理念は変わらなくても、具体的な日常業務に落とし込む方策は環境変化への適応が必要で、それを経営者、従業員のすべてが共有し実行する企業風土が醸成されていることが大切であろう。

幾度もの提携失敗、経営危機を乗り越えて、富士重工業の業績が今日好調である理由は何か。中島飛行機から富士重工業の現在に至るまで、企業理念の第一におかれた「顧客目線で品質第一」が企業行動に現れ、顧客に支持されたものと筆者は理解している。企業理念と組織そして人との関わりの中で、中島飛行機の伝統、風土が生き続けているのか否か、本書では詰め切れなかった課題である。

富士重工業は来る二〇一七年の中島飛行機創立一〇〇周年を期して、社名を「株式会社ＳＵＢＡＲＵ」に変更すると決定した。グローバルに展開する企業戦略としては正しいのであろうが、六〇年以上続いた富士重工業という社名が消えることで、中島飛行機はさらに歴史の彼方へ消えていく。本書は中島飛行機への鎮魂歌ともなった。

［さとう　たつお／立教大学博士（経済学）］

佐藤達男著
装幀：渡辺美知子
A5判　本体6500円

「引揚げ」を国際関係と地域から問うこと

今泉裕美子

二五年ほど前にアイヌの知人が話してくれた。「私の親はカラフト生まれで、第二次世界大戦後に北海道に『渡って』きて、私は北海道で生まれた。日本がカラフトを占領してからやってきた日本人は、北海道に『引揚げ』たと言うけれど、私たちは強制的に移住させられたのです。その後も、食べてゆくために北海道を転々としなくてはならなかった」。（彼女の歩みは、北原きよ子『わが心のカツラの木——滅びゆくアイヌといわれて』岩波書店、二〇一三年として刊行）。第二次世界大戦後の「引揚げ」が「強制的な移住」であり、更なる移住が強いられたこと。彼女のようなアイヌの戦後は、カラフトから引揚げた日本人、北海道に戦前から暮らしていたアイヌとも異なり、何よりも日本の植民地支配の結果である、と深く認識したのはこの話がきっかけであった。

『日本帝国崩壊期「引揚げ」の比較研究』は、「移民史の比較研究」を掲げた共同研究の成果である（経緯や経過は同書「あとがき」を参照）。

執筆者は「移民」を研究してきたものの専門を異にし、対象とする地域や主体も多様であった。しかし専門を統一したり、対象を網羅的に設定しなかったのは、日本をめぐる「引揚げ」の個別具体的な事例を、それぞれの専門や視点を突き合わせ、次に述べる関心から深く掘り下げることを重視したからである。第一は、戦前・戦時期の日本をめぐる人の移動は、移動先がどこであっても、日本の勢力圏拡大・崩壊を照らし出すものであること。第二は、その地域にいつ、いかなる経緯で移動、定着し、地域社会を形成したかを、移動する前の地域社会との関係からみることで、東アジア、太平洋などの「地域」がどのように形成されたのか、また「地域」相互の関係としての「国際関係」が分析できること。第三は、移民を権力関係のなかで一方的に規定される存在としてのみ捉える研究、または「主体的選択」、「生存戦略」を重視してそれを生んだ権力関係の分析が後景に退きがちな研究、に対して移民像をどう提示できるのか。第四は、冷戦後のグローバリゼーションが日本にもたらしたとされる問題を、日本の敗戦六〇周年（共同研究開始年）までの間に放置、積み残してきた問題、特に大日本帝国の形成と崩壊をめぐる問題から考察する必要性、であった。そこで、第二次世界大戦時の動員と「引揚げ」に、移民の戦前、戦後の移動や定着と国際関係の変容が特徴づけられると考えた。本書のサブタイトル「国際関係と地域の視点から」は以上の関心から生まれた。

共同研究では、「引揚げ」をめぐる個別の地域・「移民」の特徴が明確になり、相互の関連もみえてきた。これは、自らの方法論を問い直す過程でもあった。

国際関係学を専門とする一執筆者として、本書の特徴を二点指摘したい。第一は、「ヒトの移動」と表現されるようになった「移民」の研究の問い直しである。近年はライフヒストリー、オーラルヒストリー研究も盛んだが、移動する人間の「人なるがゆえの部分」の解明はどう深められたのか。かつて吉澤南は、近現代の移民研究には、人間が奴隷貿易で物として扱われ、所有されたことからどう「解放」されようとしたか、つまり奴隷の問題がその後どのような新しい形で現れ、人間がそこからいかに「解放」されようとしたか、の解明が必要だとした。本書では、大日本帝国と米国の「移民」の問題の地域ごとの特徴、「解放」を求める動きを、権力政治との関係、集団内と外の共同、あるいは「解放」を妨げあう実態から明らかにした。執筆者が聞取りの経験を豊富にもっていたことは、「無名の人々」と一括りしない分析を可能とした。

第二は、近代国際関係を大きく変容させた二つの世界大戦における日本の立場と経験が、移民の生活、意識、移動、社会形成に与えた特徴の解明である。第二次世界大戦の「引揚げ」の分析には、日本が第一次世界大戦で漁夫の利を得、移民の進出や定着が進んだことに着目すべきと考えた。戦間期の移民が、大日本帝国の形成を促しつつ第二次世界大戦と敗戦をどのように準備し、戦後日本の人の移動と定着をどう方向づけたのか。

刊行直前の一年は「戦後七〇年」、シリア難民の深刻化と受入れをめぐるEU動揺の中にあった。「引揚げ」を国際関係と地域から問うことは、同時代史研究としての意義を未だ失わない。

［いまいずみ ゆみこ／法政大学教授］

今泉裕美子・柳沢遊・木村健二編著

日本帝国崩壊期「引揚げ」の比較研究

—国際関係と地域の視点から

A5判　本体六五〇〇円

『現代資本主義の経済理論』の刊行によせて

飯田和人

本書は、大学生向けの経済学の教科書として書かれた。その狙いは、資本主義経済の基本的な仕組みを理解し、現代経済の歴史的な方向性を読みとるための手助けをするところにある。

ここで対象としている現代経済とは、実は二〇一一年に刊行された旧著『グローバル資本主義論　日本経済の発展と衰退』（日本経済評論社）で筆者が分析したグローバル資本主義の時代の経済である。旧著では、第二次世界大戦後の資本主義を現代資本主義と規定し、これを二つの時代に区分した。福祉国家体制とグローバル資本主義の時代である。本書の基本的内容は、このグローバル資本主義を理解するために必要な経済理論を基礎から応用へと段階的に提示することで構成されている。共著者の高橋輝好、高橋聡両氏には、この筆者の意図を十分に理解してもらい、全面的な協力をしていただいた。

本書の構成を見て、マルクス学派ならすぐに気付くことは、それが資本主義経済のより抽象的で単純な構成要素から、より具体的で複雑なそれへと理論を総合化していく、いわゆる「上向」的な論理展開になっているということである。とりわけ本書の第一章（市場の基本構造とその特質）と第二章（近代的企業システムとしての資本）は、商品・貨幣・資本という、資本主義経済の基本的な構成契機の概念内容を開示することを通して、資本主義経済が拠って立つ理論的基盤（いわばその土台）を明らかにしたものである。

続く第三章（剰余価値の生産）、第四章（再生産と産業連関）、第五章（諸資本間の競争と利潤）では、この土台の上に構築された、資本主義経済という特殊歴史的な経済システムの基本的な構造と動態を論じている。

以上が、いわば本書の基礎理論篇である。これに対して本書の応用理論篇を構成するのが第六章から第一〇章であり、ここではとりわけ第六章（資本主義経済と失業）と第七章（資本主義経済と消費）とが、第一〇章で主題的に取り上げられる現代資本主義を理解するためにも重要な章となっている。

というのも、本書においては、資本主義の歴史段階区分が、資本‐賃労働関係（より具体的レヴェルでは利潤と賃金との分配関係）の調整メカニズムという独自の理論的基準によってなされ、第六章では現代資本主義さらにはその前半期（＝福祉国家体制）と後半期（＝グローバル資本主義）とがこの基準に拠って他の時代と区分されているからである。それにより、現代経済がいかなる歴史的段階にあるのかが明確にされる。

また、第七章では、資本主義経済を駆動するエンジンとも言うべき資本の再生産・蓄積運動にとって消費がどのような意味付けをもつかが分析・提示されている。これによって、現代経済を主導するグローバル資本の再生産・蓄積運動が、かつての福祉国家体制の時代のように国内の労働者（大衆）の消費に依存しなくなったこと、そこからまたグローバル資本主義の時代の先進諸国に特有の格差構造が出てきていること、等々が明らかにされることになる。

さらに言えば、現代資本主義の前半期と後半期では、正統派経済学の主流がケインズ経済学から新古典派経済学に変わったことを踏まえ、応用理論篇ではこの二つの学派の理論内容についてそれぞれ批判的な検討が加えられている。つまり、ここではこうした「経済学批判」を通して「現代資本主義の経済理論」を論じている、ということである。

そのさい、現代の主流派である新古典派経済学への対抗軸として本書が依拠したのは、古典派‐マルクス経済学系譜の基軸的概念というべき「再生産」分析視角であるが、それに加えてポスト・ケインズ学派、現代制度学派、さらにはレギュラシオン学派等々、要するに現代における非主流の経済学の諸理論を援用して新古典派批判を提示している。

こうした本書の展開は、経済学の教科書としてはかなり独特のものと言える。それにより、読者としての大学生が資本主義経済に対する多様な分析視点を身につけ、自由で柔軟なものの見方や捉え方を手にしてほしい、というのが筆者らの願いである。

〔いいだ かずと／明治大学〕

飯田和人・高橋聡・高橋輝好著
装幀：渡辺美知子
A5判　本体3400円

「長野原学研究会」の始動

老川慶喜

昨年三月に北陸新幹線が金沢まで延伸し、富山・石川・福井の北陸三県に空前の観光ブームをもたらした。また、この三月には北海道新幹線新青森～新函館北斗間が開通した。訪日外国人観光客数も、昨年度は一九〇〇万人を突破し、大阪で万国博覧会が開催された一九七〇年以来、四五年ぶりに日本人海外渡航者の数を上回った

しかし、年明けとともに株価は続落し、この数年来政府や財界が声高に叫んでいる地方創生もそれほどうまくはいっていない。観光ブームが到来している中で、多くの地域社会はむしろ疲弊しているかのような印象を受ける。バブル経済崩壊後、日本は「失われた一〇年」を経験したが、それが二〇年、三〇年と引き伸ばされているかのようである。

その要因はさまざまで、とても一言では表現できないが、もっとも重要なのは高度成長期以来の半世紀以上にわたる国づくり、地域づくりへの真摯な反省がなされていないという点にあるように思われる。過疎も東京への一極集中も、「無縁社会」（共同体の破壊）も、いまいま始まったことではなく、ひたすら「大規模・集中化」による「成長」を求めてきた、高度成長期以来の国づくり、地域づくりがもたらしたものといえる。

そこで私が勤務する跡見学園女子大学では、観光コミュニティ学部の教員が中心となって「長野原学研究所を設立させ始動させ、長野原学研究会」を始動させた。この学部は昨年四月に開設された生まれたばかりの学部であるが、群馬県吾妻郡長野原町において、日本の地域社会が直面している大きな課題の解明に、同町と協同して取り組もうと考えたのである。

長野原町は、群馬県の北西部に位置し、地域のほとんどが標高五〇〇メートル以上の高地で、総面積は一三三・八五平方キロメートルほどである。そして、北部は吾妻川流域、南部は浅間高原地帯に属し、主要産業は高原野菜の栽培や酪農などの農業で、とくにトウモロコシ、トマト、レタス、白菜、ブルーベリー、花豆などが特産として知られている。

民主党政権のときに建設工事を止め

られた八ツ場《やんば》ダムは、自民党政権のもとで復活し、周辺工事はほぼ終了し、本体工事に取りかかろうとしている。八ッ場ダムの建設で湖底に沈むことになった川原湯温泉は、すでに山の上に移転し、新たな温泉街を形成しつつある。ただし、この過程でいくつかの温泉旅館が廃業している。

南部の北軽井沢地区には、戦前期からの「大学村」「一匡邑《いっきょうむら》」という特色ある別荘地があり、戦後には草軽電鉄が通ったこともあって、「音楽村」「王領地の森」など、さまざまな別荘地がつくられてきた。実は跡見学園も、長野原町の北軽井沢地区に一九五七年に研修所、六二年に自然観察園を開設しており、長野原町とは浅からぬ縁があった。

長野原町は、一八八九年の町村制施行により一町九村が合併して誕生したのであるが、そのときの人口は三〇二一人であった。以来、同町の人口は増加し続け、第一回国勢調査が行われた一九二〇年には五〇五七人、高度経済成長が始まる五五年には八三四九人となった。しかし、その後は減少に転じ、二〇一六年一月現在の人口は五八四四人である。一九二五年の人口が五八七七人であったから、九〇年以上も前の大正期の水準に戻ったことになる。

やや個人的な事情で恐縮であるが、私は二〇年ほど前に北軽井沢音楽村という別荘地に小さな山荘を建てた。以来、長野原町で時間を過ごすことが多くなったが、この間長野原町が日に日に衰微していくのを実感してきた。一九九五年の人口は、七〇一五人であったから、この二〇年の間に一〇〇〇人以上もの人口減がおこったことになる。山荘の近くにあった「ミルク村」という観光施設もかつての勢いはない。「マウンテン牧場」などといった観光牧場も姿を消した。地元の大型スーパーも倒産して人手に渡り、今では五月の連休や夏季のみの開店となり、品揃えも著しく悪くなった。

地域創生のかけ声とともに、大学が自治体と協力して観光地としての再生の道を探る取り組みがさかんである。跡見学園女子大学も、多くの自治体と共同してそうした取り組みを行っている。それも大切であるが、やはり大学としては、地域の衰退がなぜ生じたのかを、あらゆる手法を用いて学問的に解明する必要がある。ささやかではあるが、跡見学園女子大学はそうした試みに一歩踏み出したのである。

［おいかわ よしのぶ／跡見学園女子大学観光コミュニティ学部教授］

三行半研究余滴⑱

復縁にあたって先渡し離縁状

髙木　侃

かつて婿養子の三くだり半を余滴⑬で紹介した。そのときは婿が家出したらどうするかというもので、あらかじめ離縁状を受理しておくか、婿の親族等が離縁状をしたため、かりに婿が帰参しても異議を申させないと引き受けたことにふれた。

今回紹介するものは、夫の家出より数多くあったに違いない夫の「不埒《ふらち》」の事例で、酒乱・悪所通い（浮気）・博奕《ばくち》などの取り扱いである。このように夫に主たる離婚原因があるとき、妻方からの離婚請求を受けて離婚になることもあったろうが、仲裁人があり、夫も改心して復縁（当時「帰縁」といった）することもみられた。このときには、夫が再び不埒を働いたならば離婚と、妻方の請求を受けて、あらかじめ夫に離縁状を書かせて受理しておく場合があった。そうしておけば、妻は夫の行為が改まらず、不埒であったら、実家に戻って来るだけで、それで離婚成立である。わたしはこの種の妻方に離婚権を留保して渡された離縁状を「先渡し離縁状」という。これを受理しておけば、後のゴタゴタした離縁紛争を避けることができた。つぎのものは復縁にあたって、兄の代理で、差出された先渡し離縁状である。

離縁状の写真と解読文を左に掲げる。用紙はタテ二四・〇、ヨコ三四・三センチで、一一行に書かれているが、購入文書で残念ながら用いられた地域は不明である（／は行末である）。

入置申一札之事

一貴殿娘みね義、我等弟婀ニ貰ひ／請罷在処、弟郡次郎不埒之義／仕出シ、素より同人不実之仕成方／ニ付、離縁之御掛合ニ預り、一言之申訳無之、／離縁ニ相成候得とも、此度左之世話人衆／立入、再縁ニ相成、依之已来不相応之節／は貴殿之思召ニ随ひ離縁可致候、／右ニ付別段去り状不及、此書付ヲ以当人／御引取被成、離縁之事ニ御執計可被成候、／其節郡次郎方ニて一言之義申間敷候、／為後証入置申一札如件

文久三癸亥　当人兄
二月　国　太　郎㊞
証人
半右衛門㊞
同伊左衛門㊞

延右衛門殿

本文の大意はおおよそこうである。

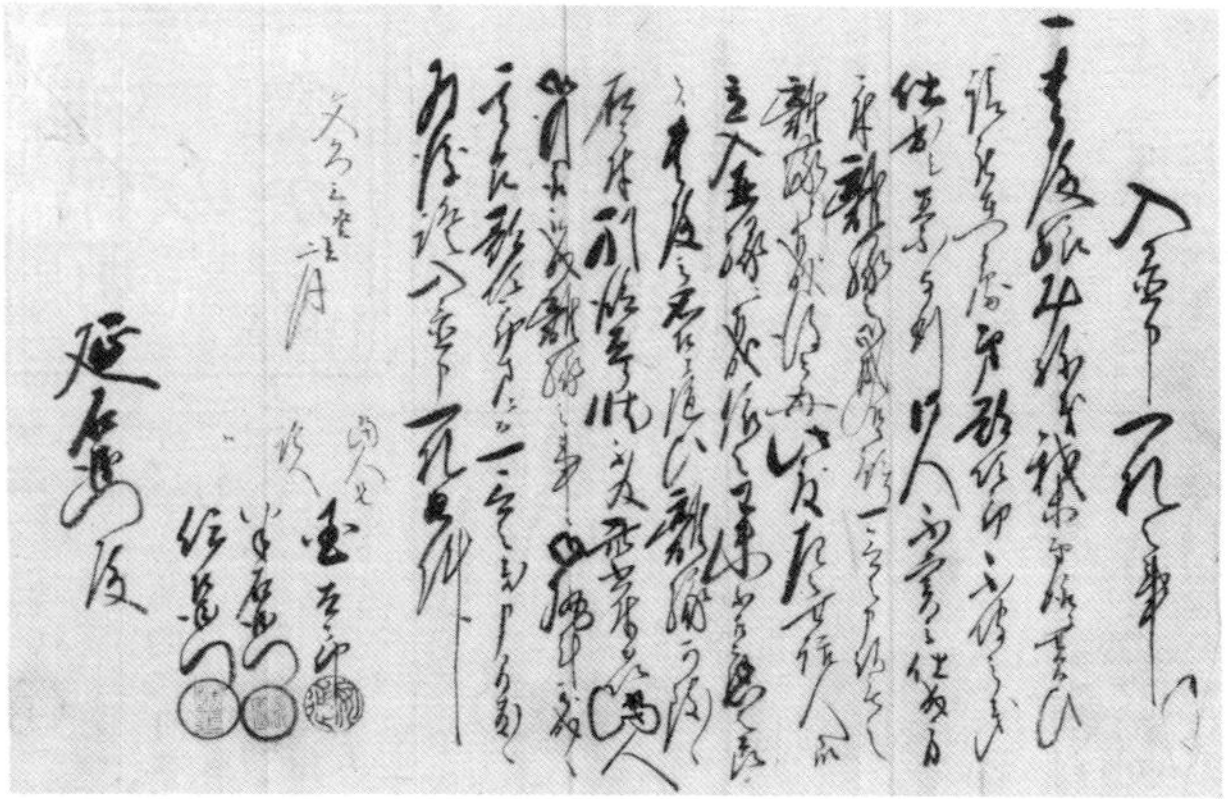

郡次郎は延右衛門娘「みね」を嫁に貰い請けたが、郡次郎が「不埒」を仕出かした。不埒の具体的内容はわからないが、平素からの不実な行為は妻方から離縁の申出をうけ、申し訳なく離縁になっても仕方のないことであった。しかし、二人の世話人が仲介して復縁することになった。これからは夫婦仲がうまくゆかないときは、妻方の思いのまま離縁することとし、別に去状がなくとも、みねを引取りさえすれば、この書付をもって離縁の取り扱いとする。そのとき夫方では一言も異議を唱えないとしたもので、郡次郎兄が代理して仲介人両名とともに差出した「帰縁証文兼先渡し離縁状」である。

ここでの先渡し離縁状は、復縁にあたって出されたものだが、なかには結婚に際してあらかじめ差出した事例もある。上野国緑野郡三本木村（現群馬県鬼石町）喜作と武州秩父郡太田部村（現埼玉県秩父市）重太夫娘「たひ」との縁組の場合で、喜作は結婚後借家住まいで商いを始めるという。喜作の将来に不安を抱いた妻父は、娘たひが生活に困窮するときは、離婚でもかまわないかと糺した上で、夫から「離別一札」同様としたためた先渡し離縁状を受け取った。したがって、暮らしに難渋するときは妻の実家でたひを引き取り、誰と再婚させても夫は決して異議を唱えないと約束させた。

当時はこのように事前に予想される紛争をあらかじめ回避する手段を講じたもので、予防法学的観念がすこぶるすぐれた側面も持ち合わせていたのである。

［たかぎ ただし／専修大学史編集主幹・太田市立縁切寺満徳寺資料館名誉館長］

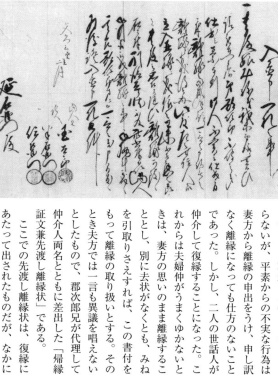

神保町の窓から

▼【吟ごあいさつ】あんときゃ希望もあったし、夢もあったなどと云えばいかにも意識的に生きていた青年のように聞こえるかも知れない。

ところが、中学生のときはA子に気があり、高校ではN子やF子を思って勉強も手につかず、東京の大学に来てからは、村の娘のことなどすっかり忘れ、安保闘争の中で人民だの革命だのと世界史がわかったようなことを口走るようになっていた。二十歳になったころ、己の凡たるを思い知らされ、一人《おれだけ》きり（個）で快楽を獲得することの無謀さに気がついた。だが、連帯とか協同、同志とか兄弟、ましてや絆《ボンド》・目合い《ジョイント》などという言語にまでは至っていなかった。人と繋がってしか生きられないことがうすうすわかりかけた段階だったろう。

そんな中で、いずれは教師になろうと思いつめた。教師ほど人間くさい仕事はないと確信したのだ。人間という生き物とともに育つ、そのことに心休まる魅力を憶えたのだ。大学卒業を迎えた春、郷里の教員試験を受けた。採用通知は四月に入っても来なかった。少しイラついたわたしは大学の恩師に心中を訴えた。「教師もいいが、出版も人との関係で成り立つ仕事だ。考えてみるか」と問われ、モジモジするわたしに、ある老舗出版社を紹介してくれたのだった。その出版社に勤め始め、教師の口を断念しかけた頃、田舎の教育委員会から採用通知がきた。どうする。わたしは一か月も働き月給も受けとってしまった出版社を選びとった。出版を通して人の心を耕そう、そう自分に言いきかせ、「出版ほど人間くさい仕事はない」と思いこみを変換した。人との攻防の中で己を昇華する、これが出版に足を踏み入れた頃のわたしの心情であった。「出版を通して世界に平和を！」なんて、社会変革を志し、歯をくいしばってこの道に足を踏み入れたわけではなかった。

一九七〇年、先輩の野望に同調し日本経済評論社を創業した。出発から何年かは社業は軌道に乗らず、持ち帰る給料もわずかであった。新妻は悲しい顔はしたが、洋々《ほがらかに》と出社するわたしの背に微笑みを投げかけてくれた。生まれた子たちは何も知らずにオモチャを強請った。

快い人間関係、という観点からすれば、一九七四年ころ、経営史の大家明治大学の山口和雄先生に遭遇したことだ。研究者、学者という職業を選んだ人に対する見方が変わったように思う。一見何の役に立っているか判らないが、学問する人々を畏敬の念をもって見るようになった。山口先生の後継の数々は今でも深い関係が続き、その指導に断絶はない。その後出会った柴田敬や杉原四郎、杉山忠平の各先生に先立つわたしの中の巨峰である。

▼先生方に親しく接し、話を聞き、ともに喫茶したとて拵えた本が売れたのか。一九八一年、在庫の山に押し潰されそうになり、会社は危機に見舞われた。いろいろなことが生起したが、わたしは人として鍛えられるいい機会を得た。冷酷な銀行、棄てる業者、非情な著者、誰も寄りつかない。わたしは、どこまで続くかあてもない泥濘の中で社長職を抱擁した。今も在職するTとS、そしてIさんだけが残ってわたしの末路を見届けようとしてくれた。骨拾いというな、この三人はこの社の復活に青春を賭けてくれたのだ。

　その後、わたしは恵まれた。よくできた社員と売れる本を書く著者の参加を得た。わたしたちの努力に金融機関も業者も機嫌を直し、惜しみない支援をしてくれた。会社は持続し四十五年目の朝を迎えた。

▼去る六月、決算総会を開き、来し方の営業成績を展覧し、株主様の意見を聞いた。会社は拡大・成長したとは言えないが、持続し、その存在を小さな世間に認知されたことを評価していただいた。続いて議題となった人事改選で（吟）爺は代表を退くことになった。

　肉体の摩耗の所為ばかりではない。歳がもたらす耄碌的発想や使用言語の通訳不能性などが、しばしば指摘された。「人物叢書」を作ろうと発議されたとき、かつてあった「日本偉人伝物語」のようなことを主張するのだ。例の新島襄、野口英世、キュリー夫人……と続くイメージ。マルクスを語るのに「正反合」とか「螺旋」とか云っても誰にも通じなくなっていた。まして今追い込みにかかっている「服部之総伝」など馴染みは極薄になっている。こんな日常のなかでさえ「あんた、なに云ってんの」と問われることが出過ぎていた。取り返しはつかない。新しい時代の舵取りは新しい知性やフィーリングでしか出来まい。わたしは観念した。

　商売よりも人との交歓を価値としたわたしの所業の始末だ。お世話を掛けっぱなしで何等お応えできませんでしたが、この儀、ご理解いただきたくお報らせ申しあげます。後継は気鋭の営業部長が選任されました。別途ご挨拶の機会をいただきたいと存じますが、変わらぬお導きをお願い申しあげます。

　　憂きことの　なおこのうえに　つもれかし

　　　限りある身の　力ためさん　（蕃山）

（吟）

新刊案内

価格は税別

新版 入門 日本金融史

A5判 二〇〇〇円

落合功著 日本の金融の基本的な考え方と特徴について、歴史の流れとその時代の仕組みを明らかにし、簡潔にまとめた入門書。新版では、構成を新たにした。

装幀：奥定泰之

日本鉄道業の形成—一八六九～一八九四年

中村尚史著 官営・民営鉄道の経営と技術者集団の分析を通して、鉄道政策と鉄道業の関係を解明し、企業と地域の関わりをふまえながら日本の鉄道業の形成過程を再検討する。

〈オンデマンド版〉 A5判 五七〇〇円

日本帝国崩壊期「引揚げ」の比較研究

—国際関係と地域の視点から

今泉裕美子・柳沢遊・木村健二編著 帰還、強制移動、残留。敗戦前後、社会の断層を生きた人々の「引揚げ」と苦悩を規定した国際関係の変動。

A5判 六五〇〇円

現代資本主義の経済理論

飯田和人・高橋聡・高橋輝好著 マルクス経済学の立場から、資本主義経済の基本的な仕組みを理解し、現代経済の方向性を読み取る視座を提供する基本テキスト。

A5判 三四〇〇円

色川大吉対談集 あの人ともういちど

色川大吉編著 五日市憲法の発掘、水俣病の学術調査、市民運動の領袖、歴博を創る闘い……。多彩な半生の中で、その時どきを真剣に語り合ったあの人との交歓。

四六判 三〇〇〇円

装幀：渡辺美知子

家族酪農経営と飼料作外部化

—グループ・ファーミング展開の論理

岡田直樹著 日本農業の安定に必要なのは、家族経営の展開促進だ。分業化がいち早く進んだ北海道の土地利用型酪農を分析、家族専業経営の道を探る。

A5判 七二〇〇円

日本経済思想史研究 第16号

日本経済思想史学会編

B5判 一五〇〇円

中島飛行機の技術と経営

佐藤達男著 中島知久平が設立した日本初の民営航空機製造会社の中島飛行機は創業精神にある良い品を造るという技術優先の会社であった。同社の沿革と経営面および技術的な面から分析。

A5判 六五〇〇円

装幀：渡辺美知子

評論 第204号 2016年7月30日発行 発行所 日本経済評論社
〒101-0051 東京都千代田区神田神保町3-2 電話 03(3230)1661
E-mail:info8188@nikkeihyo.co.jp FAX 03(3265)2993
http://www.nikkeihyo.co.jp 〔送料82円〕

第4章　デフレとはマネー現象にあらず

1　日銀総裁・副総裁の見解とデフレ

（1）黒田日銀総裁の見解

日銀の基本的方針

黒田日銀総裁は、就任早々の２０１３年4月12日に読売国際経済懇話会で講演をおこなって、次のような、基本的な方針をのべている。

第一に、15年近く日本経済を劣化させてきたデフレから脱却するために、「できることは何でもやる」ということである。戦力の逐次投入をおこなわず、日銀のもつすべての力を一挙に動員する。

第二に、「物価安定の目標を、責任を持って実現する」と強く明確にコミットすることが重要である。

第三に、こうした日銀の強い姿勢を市場や企業、家計にわかりやすく伝え、「期待」を抜本的に変える。

第四に、こうしたコミットメントを裏打ちする量的にも質的にもこれまでとは次元のちがう金融緩和をおこなう。

異次元緩和の効果は、次の経路をつうじて経済・物価に波及すると想定している。

第一に、長期国債やＥＴＦやＪ－ＲＥＩＴの買い入れは、長めの金利の低下をうながし、資産価格のプレミアムに働きかける効果をもつ。これが、資金調達コストの低下をつうじて、企業などの資金需要を喚起するとかんがえられる。

第二に、日銀が長期国債を大量に買い入れる結果、これまで長期国債の運用をおこなっていた投資家や機関投資家が、株式や外債などのリスク資産に運用をシフトさせたり、（銀行が）貸出を増やしていくことが期待される。

第三に、物価安定目標の早期実現を約束し、次元のちがう金融緩和を継続することにより、市場や経済全体の期待を抜本的に転換する効果がかんがえられる。こうしてデフレ期待を払拭できる。

予想物価上昇率が上昇すれば、現実の物価に影響をあたえるだけでなく、実質金利の低下などをつうじて民間需要を刺激することも期待できる。

消費者物価とエネルギー価格

黒田氏は、２０１３年９月20日のきさらぎ会における講演で、消費者物価（除く生鮮食品）の対前年比上昇率は、６月に０・４％のプラスに転じた後、７月に０・７％とプラス幅が拡大しているとのべている。

その理由として、石油製品などエネルギー関連の押し上げがきいているのは事実だとし、それだけでなく、個人消費が底堅く推移しているからだとしている。

黒田氏は、２０１４年６月７日に国際経済学会第17会世界大会でおこなった講演で、消費者物価指数（除く生鮮食品）の前年比は、２０１３年３月はマイナス０・５％であったが、14年４月にはプラス１・５％（消費税引き上げの影響を除く）にたっしているとのべている。

黒田氏は、量的・質的金融緩和がインフレ予想を引き上げることで、実質金利の低下をうながし、実体経済を刺激するというクルーグマン教授、ウッドフォード教授やエガートン氏による理論に共通するメカニズムを実践したものであると、その成功を高らかに謳い上げている。

ここでは、原油価格の上昇によるものだということには、まったくふれられてはいない。

黒田氏は、２０１４年11月５日のきさらぎ会における講演で、消費税率引き上げ後、自動車などの耐久消費財を中心に反動減がやや長引き、このところ原油価格が大幅に下落し、物価の下押し要因として作用しているとのべている。

消費者物価（除く生鮮食品）の前年比は、２０１３年末から１％台前半で推移してきたものの、９月にプラス１％まで伸び率が縮小したことを、需要面の弱めの動きと原油価格の下落によるものとしている。

原油価格の下落は、やや長い目でみれば、日本経済に好影響をあたえ、物価を押し上げる方向に作用するが、短期的とはいえ、現在の物価下押し圧力が残存するばあい、これまで着実にすすんできたデフレマインドの転換がおくれるリスクもある。

したがって、こうしたリスクの顕現化を未然にふせぎ、好転している期待形成のモメンタムを維持するために追加異次元緩和をおこなったというのである。

ピーターパンの物語

黒田氏は、２０１５年６月４日の日本銀行金融研究所主催国際コンファランスにおける開会あいさつで面白いことをいっている。

子供のころから親しんできたピーターパンの物語に、「飛べるかどうかを疑った瞬間に永遠に飛べなくなってしまう」という言葉があるが、大切なことは。前向きな姿勢と確信である、とのべている。

２年程度で消費者物価上昇率２％を実現する、そのための手は打ったと大見えを切った黒田氏が、２年たっても実現できない。とうとう、実現できるということを疑ったら、実現できないという、「精神主義」におちいったのだろうか。

黒田氏がいうように、これまで中央銀行は、さまざまな課題に直面するたびに、あらたな知恵をだして、その課題を克服してきた、というのは事実であろう。だが、その知恵がとんでもないことであるとすれば、経済・金融にあたえる被害は甚大なものとなる。

黒田氏は、２０１５年6月28日に開催された国際決済銀行（ＢＩＳ）年次総会のパネルディスカッションにおける冒頭発言であらたな知恵を示唆したようである。

ここで、黒田氏は、日銀は量的・質的金融緩和導入後の2年あまりの経験をへて、ひとまずわかったこととして、中央銀行がみずからの使命の達成に強く明確にコミットし、適切な非伝統的政策手段をもちいれば、ゼロ金利制約は克服できるとのべている。

これは、年明けの1月に導入したマイナス金利を念頭においた発言なのであろうか。

もしそうだとすれば、黒田氏は、「物価安定目標2％の実現ができるかどうかを疑った瞬間に永遠に実現できなくなってしまう」とかんがえていたのであろう。そこで、マイナス金利を導入すれば実現できると、みずからに言い聞かせたのかもしれない。

（2）岩田日銀副総裁の見解

日本銀行デフレの番人

岩田規久男日銀副総裁は、就任前に、「中央銀行にとって物価安定化はそれほど難しい仕事ではない」とのべている（岩田規久男「日本銀行 デフレの番人」日本経済新聞社、２０１２年）。ところが、むずかしくもないことをどうして、当時の日銀ができていなかったのか。それは、日銀が「金融政策はインフレ予想の形成に働きかけることができる」ということを理解していないからであるという。

すなわち、日銀は、「中央銀行が物価安定目標の達成にコミットした上で、マネタリーベースを適正に供給すれば、民間の中期的予想インフレ率を目標インフレ率近辺に維持し、それによって、実際のインフレ率も目標水準に維持できる」ことを理解していないからだと。

岩田氏は、インフレ目標の義務付けが可能なのは、「中央銀行は国内要因（たとえば、生産年齢人口が減少しているといった要因）や海外要因（たとえば、原油価格の高騰）がどうであれ、中期的には、インフレ目標を達成できると考えられているからである」という。

原油価格の高騰のような海外要因には影響されないというのであれば、原油価格が暴落してもインフレ目標を達成できるということになるはずである。

ようは、ひとびとの間にデフレ予想が定着したのは、「日銀理論」にもとづく金融政策のためであって、デフレ予想からインフレ予想に転換できれば、デフレからの脱却に成功するということである。

極め付けは、２％のインフレ目標を達成するために必要なマネタリーベース残高は、２１１兆円だといったことである。しかも、その適切な手段は、長期国債を購入する買いオペであるという。それは、次のような波及経路によるものである。

予想インフレ率が上昇すると、外国為替市場で円安・ドル高になるとともに、株式市場などの資産市場が反応する。

円安になると、輸出と企業の設備投資、すなわち総需要が増える。そうすると生産が拡大するので、実質国内総生産が増加し、雇用も増える。円安で輸出企業の為替差益が増大するので株価も上昇する。企業は、有利な資金調達ができるので設備投資も増加する。

このように、設備投資と輸出が増えれば、生産の増加とともに、家計の所得も増えるので、消費も増加する。モノにたいする総需要が増えれば、需給ギャップが縮小し、それにつれて、物価も上がりはじめ、日本経済はデフレから脱却する（図３、参照）。

「岩田理論」によれば、マネタリーベース残高が２１１兆円を超えれば、デフレを脱却できるはずである。

異次元緩和直前の２０１２年末のネタリーベース残高は１３８兆円であったので、新規に73

図3　需給ギャップ

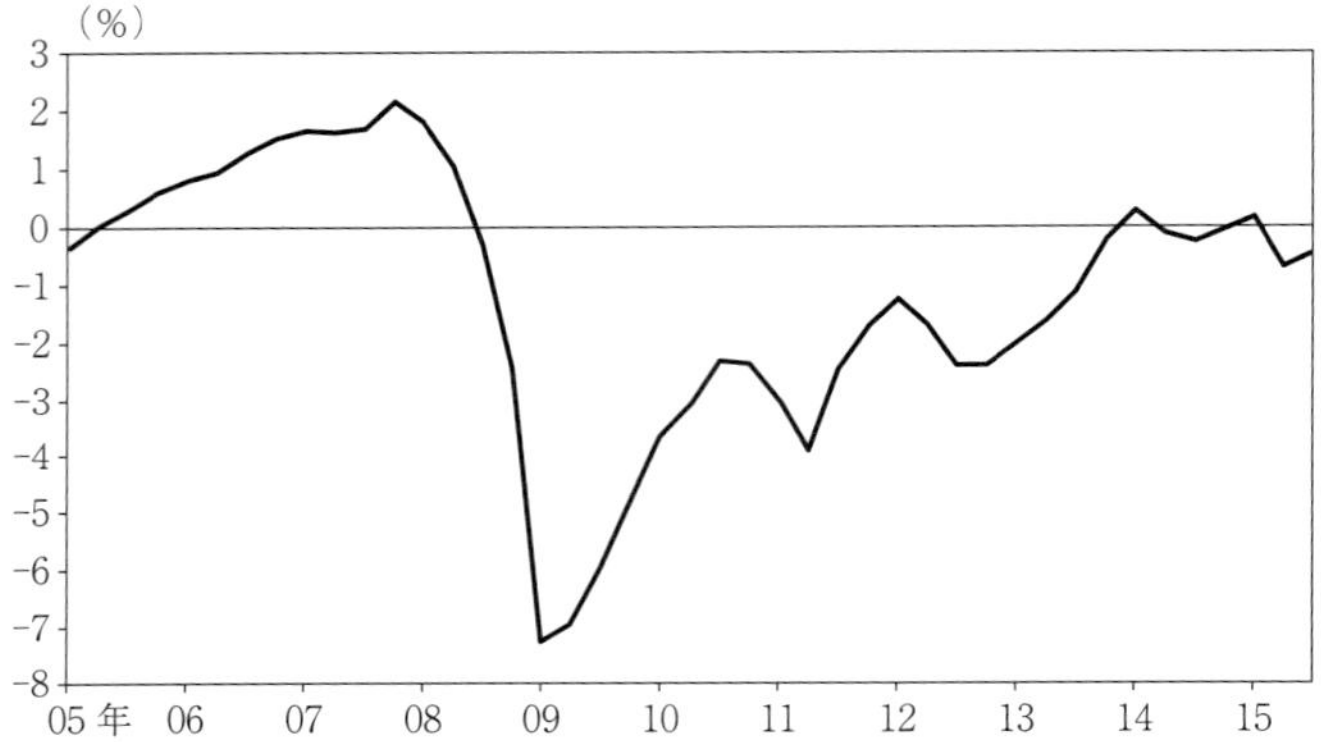

（注）需給ギャップは、日本銀行調査統計局の試算値。
（資料）内閣府、経済産業省等。
（出所）日本銀行。

兆円積み増すだけで、2%のインフレ目標を達成でき、デフレ脱却ができるということになる。13年末の実績は202兆円である。14年早々には211兆円を超えた。

だが、インフレ目標はとうてい達成できなかった。おそらく、原油価格の高騰（たぶん暴落も）などの海外要因がどうであれというのは、あくまでも「中期的」であって、短期的には、大きな影響をうけると言い逃れることだろうことは容易に予測できた。

やはり、である。

次にみるように、黒田総裁・岩田副総裁は、インフレ目標が達成できないのは、すべて原油価格の暴落と新興諸国の景気低迷という海外要因のせいにしている。５年の任期中に達成できなくても、短期的な要因だからと、すませてしまうのだろうか。

責任とることなく高額の退職金を懐に入れてめでたく満期退任か。

経済学の「実験」

岩田氏は、２０１４年2月6日に宮崎県金融経済懇談会でおこなったあいさつで、次のようにのべている。

経済現象に関係する予想については、「予想が結果として自己実現」するという側面が重要である。

たとえば、多くのひとが「この会社の株式の価格が上がる」と予想してその株式を購入すれば、実際にその会社の株価が上昇するというように、「予想の自己実現化」は、現実の世界に大きな影響をおよぼす。

これまで長い間、多くのひとが、「今後もデフレ（物価の下落）が続く」と予想して、消費や投資行動をきめた結果、実際にデフレが助長されたという面は否定できない。物価についても、デフレ予想がデフレをもたらすという、自己実現的な現象がおきた。

したがって、デフレから脱却して、安定的な物価上昇を実現させるためには、ひとびとの予想を「デフレ予想」から「インフレ予想」に変える必要があり、そのための強力な手段として量的・質的金融緩和をすすめている。

ひとびとの予想に働きかけることを前面にだした金融政策というのは、過去にあまり例のみない試みであることはたしかである。したがって、日本銀行としては、金融政策のあらたなフロンティアを切り拓くという気持ちをもって、この政策の遂行にあたっている。

さらに、岩田氏は、２０１４年３月24日に国際東アジア研究センターでおこなった講演で次のようにのべている。

物価が将来にわたって上昇していくことが見通せると、多くのひとびとは、値段が上がる前に、買えるものはできるだけ買っておきたいとおもうはずである。

こうして、将来のインフレ見通しによって、消費や投資の支出活動が刺激されると、経済全体の総需要が増加するので、企業は、それに見合った水準まで生産活動を拡大させる。企業の収益状態は好転し、雇用者の所得も増加する。

ひとびとの消費や住宅投資や企業の設備投資などの活動がさらに活発化する。総需要がさらに増加し、物価も上昇して、好景気と物価上昇の好循環が実現する。

（３）日本でのデフレ

恐慌とデフレ

ミルトン・フリードマンによる「インフレはいついかなる場合にも貨幣的現象である」という見方が、中央銀行の物価安定のための金融政策のよりどころとなっている。もちろん、過剰な通貨発行により、通貨が減価することでインフレが発生する。

ところが、「デフレはいついかなる場合にも貨幣的現象である」とはいえない。

デフレが貨幣現象であるのは、中央銀行が、マーケットで必要とされる流通量をはるかに下回る中央銀行券しか流通させないばあいである。管理通貨制のもとでは、中央銀行がこんなことをするはずがない。

デフレというのは、１９２９年世界恐慌までは、恐慌のときに発生した。

景気の高揚期に過剰な設備投資がおこなわれ、商品が過剰に生産される。需要をはるかに超えて商品が供給されるので、価格が暴落（デフレーションの発生）し、企業がバタバタ倒産することで恐慌が勃発する。

恐慌によって、不良企業などが淘汰され、需要に見合うまで供給が削減されることで、恐慌とデフレが終息する。

１９２９年世界恐慌を契機に金本位制から管理通貨制に移行して、有効需要創出策などによって政府が経済に介入できるようになり、古典的恐慌が勃発しなくなった。とうぜんながらデフレも克服された。適度のインフレのもとに経済が成長するようになったからである。

ところが、1980年代末に日本の不動産・資産バブルが崩壊すると、平成大不況におそわれ、じきに1929年世界恐慌以来はじめて先進国で長期のデフレにみまわれた。

平成大不況こそ、まさに古典的恐慌の現代的形態にほかならなかった。すなわち、1970年代初頭に高度経済成長を終了した日本で、衰退産業の退出・成長産業の創出をせまられるまさに「恐慌」なのである。

だが、政府は膨大な財政出動、日銀は超低金利という、衰退産業の温存政策をつづけたので、現代の「恐慌」、すなわち平成大不況が長期化しているのである。

デフレは日銀の責任か

日本がデフレにおちいった責任は日銀にあるとする、くだんの岩田氏は、デフレは、日銀の金融政策によってではなく、他の要因によって引き起こされているということを批判している（岩田規久男、前掲書）。

そうであるとすれば、「そもそも、金融政策をどう運営しようが、日本はデフレから脱却できないはずである」（58頁）という。

いままでは、かろうじて物価上昇率がプラス基調に転換していた。

とはいえ、デフレではないかもしれないが、日本はデフレから脱却できていない。政府の説明によれば、デフレ脱却というのは、２％程度の物価上昇率が恒常化し、二度とデフレにもどらないことだという。

現状では、デフレ脱却というのは、金融政策の遂行では困難であるといえそうである。

岩田氏は、デフレ発生にかんする金融政策以外の、次のような要因をことごとく批判している。

不良債権説というのは、銀行に不良債権がなくなってもデフレはつづいたので正しくはない。

構造改革の遅れ説は、経済環境あるいは経済構造の変化にたいする日本企業と政府の対応の遅れであり、デフレの原因とはいえない。

成長期待消失説は、デフレの責任を企業と政府にあるとして、自分の責任を棚上げするものである。

生産年齢人口減少説は、生産年齢人口が減っても物価が下落するとはかぎらないので正しくないという。

こんな調子である。

だが、しかし、岩田氏は、膨大な財政赤字の累積こそ、デフレの大きな要因であるということをまったく取り上げて、批判していない。岩田氏は、日銀の責任を追求するあまり、いまのところ日本だけでデフレにおちいってきた要因を解明できていない。

本当にデフレが日銀のせいであれば、異次元緩和から2年程度でデフレを脱却できたはずである。日銀執行部による本質的な要因判断の誤りが、日本を奈落の底に突き落としつつあるのだ。

日本でデフレにおちいったのは、高度経済成長が終結し、成長が停止したのに、有効な成長戦略を見出せず、不動産・資産バブルによる金融セクター主導による成長をすすめた結果、バブル崩壊不況におちいったが、それを膨大な財政出動と超低金利政策でおさえようとしたからである。

病気の診断と処方をまちがえたので、病気がますます悪化してきたのである。

白川氏の日銀総裁最終講演

日銀の白川前総裁は、退任直前の2013年2月28日に、日本経済団体連合会常任幹事会で「日本経済の競争力と成長力の強化に向けて」と題する最終講演をおこなっている。

白川氏は、次のように、競争力と成長力の強化にむけた基本的な方向性についてのべている。

第一の方向性は、増大する海外需要を海外進出というかたちで取り込んでいくこと、第二は、急速にすすむ高齢化への対応、第三に、資源の円滑な移動を促進することである。

このような方向性にすすむことを阻害している次のような障害を取り除く環境の整備が必要である。

第一に、変化をめざす企業の取り組みを可能にする政府による環境整備、第二に、株主や投資家によるコーポレート・ガバナンスが適切に機能すること、第三に、安定と変化のいずれを優先するかという社会の選択の問題である。

白川氏は、適切な金融緩和とならんで、次のような政府の取り組みの重要性について、その理由をのべている。

第一に、政府の競争力、成長力強化の取り組みが進展すれば、緩和的な金融環境がより広範に活用され、金融緩和の効果がさらに大きくなる。

第二に、強力な金融緩和を推進していくために、財政運営にたいする信認確保が欠かせないことである。政府による成長力強化の取り組みが進展せず、日銀の国債保有だけが増加するばあい、日銀による国債買い入れが国内外の市場で財政ファイナンスと受け取られるリスクが高まるからである。

そして、白川氏は、次のようにしめくくっている。

「中央銀行の仕事は経済の持続的な成長を支える安定的な経済・金融環境をしっかりと整えることです。その際、先行きの経済・物価見通しと持続的成長を脅かすリスク要因を丹念に点検していくこと（が重要なこと）は言うまでもありません。やや長い目でみた場合の効果やコストを説明していくことも独立した中央銀行には当然求められることです。」

白川氏は、中央銀行というのは、政府の成長戦略をサポートする役割しかはたすことができないということをいっているのであろう。

それにもかかわらず、デフレ脱却と強い経済の構築という政府がおこなうべきことの全責任を中央銀行に押し付けられると、経済と金融市場・金融システムに甚大な被害をあたえてしまうのである。

2　バブル崩壊不況と財政出動

(1) バブルの崩壊

戦後の高度経済成長

第二次大戦前の日本経済は、アメリカとはちがう意味で軍事経済に特化していた。イギリスは繊維工業、ドイツは鉄道建設が産業革命を主導したが、日本のばあいには、軍事産業を育成するかたちで近代化がはかられた。

軍事産業中心の独特かつ特殊な産業構造だったので、大戦で敗北するとそのままの継続は不可能であった。じつは、皮肉なことに、このいびつな構造のゆえに、戦後の日本は、史上まれにみるような高度経済成長を実現することができたのである。

第二次大戦中にアメリカでは、ハイテク技術のプロダクト・イノベーション（製品のイノベーション）がすすんだが、究極にまで発展した重化学工業をそのまま日本に導入することができたからである。

その大前提は、軍国主義の一掃、戦前日本の支配階級を形成した財閥を解体し、大地主を放逐することであった。アメリカ主導の連合国は、民主化の遂行、財閥解体と農地解放を断行した。

ところが、１９４９年に中国革命が成功するとアメリカは、対共産主義包囲網のアジア側の拠点を急きょ、それまでの中国から日本に変更せざるをえなくなった。

日本を民主化し、戦力をもたない平和な国にしようとしていたアメリカは、日本に最先端の重化学工業を創出する必要にせまられた。

核戦争ができない冷戦下といえども、朝鮮半島やベトナムでは戦争が勃発した。

アメリカから遠く離れたアジアで戦争を遂行するばあい、どうしても日本を補給基地としなければならなかった。軍事産業も一定の兵器については、アメリカのライセンス生産が可能となるくらいの一流の重化学工業が必要であった。

戦前には、世界でも一流の軍事技術が日本にあったので、その技術を継承するとともに、第二次大戦で技術革新のすすんだ最新鋭の重化学工業をアメリカから移植・創出した。

こうして、戦後の高度経済成長は、アメリカの最新鋭の重化学工業を導入することで進展したのである。

鉄鋼・金属・機械・石油化学などで最新鋭の設備投資、すなわち「投資が投資をよぶ」、改良・軽量化・コンパクト化をすすめるプロセス・イノベーション、このふたつの要因によって、世界史のうえでもまれにみるような高度経済成長が実現したのである。

財閥解体によって、いわゆる資本家がいなくなり、従業員が役員になることができるようになり、社長と従業員の給与の格差がいちじるしく縮小した。

農地解放によって、小作人が零細地主となることにより、保守基盤を形成し、政治の安定に寄与した。農家の次男・三男が労働者として工業地帯に大量に流入した。

日本的経営といわれる終身雇用制、年功序列賃金は、こうした高度成長によってはじめて可能となったのである。企業別組合は、労使が協調して、収益をあげていくということからすれば、きわめて有効かつ効率的なものであった。

高度成長の終焉

こうしたさしもの高度経済成長も１９７０年代初頭に終息した。それは、高度成長の大きな要因のひとつであった、鉄鋼・金属・機械・石油化学などでの大規模な最新鋭の設備投資が、ほぼ終了したことによるものである。

もちろん、１９７１年のＩＭＦ体制の崩壊、73年の第一次オイル・ショック、為替相場の固定相場制から変動為替相場制への移行など、戦後世界の経済成長をささえた枠組みが大きく変容したことがその背景にあることはいうまでもない。

高度成長は、「投資が投資をよぶ」といわれるほどの膨大な設備投資がおこなわれたことで進展した。

設備投資というのは、供給なき需要なので経済は成長する。それが資本規模の大きい生産手段生産部門であればなおさらのことである。戦前の生産手段生産部門がまったく使い物にならなかったのが、さいわいしたのである。

設備投資が終了すると今度は需要なき供給となるので、内需がその供給に対応できなければ、確実に恐慌が勃発する。そんなことはとうていゆるされることではない。

そこで、ふたつの対策がとられた。ひとつは、海外マーケットへの進出、さらなるプロセス・イノベーションの推進、もうひとつは、公共投資による内需の創出であった。

ところが、日本企業が海外に本格的に進出するするまさにそのときに、国際通貨システムが固定相場制から変動相場制に移行した。

高度成長の過程で重化学工業の国際競争力が高まってきたので、日本の輸出は増えていたし、海外に輸出を増加させていけば、円高になるのはとうぜんのことであった。

せっかく海外に販路をもとめ、恐慌を回避したはずなのに、円高が進行すれば、為替差損が膨大なものになり、企業収益が悪化してしまう。ところが、海外マーケットを放棄したら、企業は生き残ることはできない。

ここで、「海外進出も地獄、内需拡大も地獄」という『神の見えざる手』がはたらいたのである。

日本企業は、「海外進出の地獄」を放棄することはできなかった。撤退して国内マーケットに活路をもとめるとすれば、内需の拡大、すなわち賃金の引き上げ・労働条件の向上などをせまられることは必至だったからである。

そのため、海外に活路をもとめ、輸出を激増させた日本企業には、為替差損というすさまじいコスト負担がかさんだ。「海外進出も地獄、内需拡大も地獄」というゆえんである。

そこで、日本企業は、徹底的なプロセス・イノベーションを強制された。

このイノベーションでは、アメリカの戦後の軍事技術開発の成果が多く取り入れられた。高度成長が終焉してからも日本経済が成長することができたのは、このイノベーションと輸出と公共投資によるものであった。

もちろん、高度成長期のプロセス・イノベーションとこの時期のそれとはおのずと異なっていた。この時期のものは、経済を成長させるという点では弱いものだったからである。

とはいえ、海外のマーケットに活路をもとめた輸出企業は、円高による為替差損を穴埋めするために、徹底的な経営の合理化・効率化をはかるとともに、海外での熾烈な競争に勝てるように、ロボットの導入など、さらなるプロセス・イノベーションをすすめた。

資産バブルの形成

海外マーケットで熾烈な競争を展開する輸出企業は、徹底的な経営の合理化・効率化を強制されたにもかかわらず、規制産業である金融セクター、製品を輸出できない建設・不動産業などでは、それはすすまなかった。土地は〝不動〟産だからであろう。

銀行は、高度成長期には、旺盛な設備投資資金供給をおこなうことができたが、終了すると企業は、銀行からあまり融資をうけなくなった。

それは、ひとつは、高度成長期におこなった設備投資の減価償却費などが累積したこと、もうひとつは、資金調達が必要なばあいでも規制のない国際金融市場で、低コストで調達できたからである。

こうして、「企業の銀行離れ」という事態が進行した。

そうすると、本来であれば、輸出産業のように国際金融市場に進出して、国際マーケットで収益機会をもとめなければならないはずである。

ところが、銀行は、きびしい金融規制下にあり、新規参入も制限され超過利潤を確保できていたので、国際競争力は低く、国際金融市場で欧米金融機関との競争などできるはずもなかった。

1980年代にはいるとリゾート開発がおこなわれ、中葉にいたると国際化の進展で東京を中心に地価が上昇してきた。とうぜん、不動産・建設需要が高まったが、そうすると不動産の取得やビル建設などのための旺盛な資金需要が生まれた。

貸出先をさがしていた銀行などが飛び付いた。不動産売買は、優良担保である土地そのものが商品として取引されるので、担保がないから融資できないということはない。不動産融資がいちじるしく増加したのはそのためである。

不動産の購入資金は、銀行が融資するので、膨大な不動産需要が生まれ、不動産価格が高騰する。

不動産投機がはげしくなっていくと頻繁に土地などの売買がおこなわれるので、貨幣の流通速度がはやくなる。銀行は、あらたに大量の預金をあつめなくても、すみやかに返済資金を融資できる。こうして不動産価格が高騰した。

株価も急上昇した。それは、ひとつは、不動産投機によって獲得した大量の資金が株式市場に流入したことによるものである。

もうひとつは、企業が新株引受権付き社債を大量に発行したことによるものである。事前に新株をさだめられた価格で買うことができる権利がついた社債を購入し、さだめられた価格よりも株価の上昇局面で上昇していれば、購入して売却することで利益がでる。新株を購入して売って利益がえられるのであれば、社債部分の金利は低くても売れる。

企業は、タダ同然で低金利の新株予約権付き社債を発行して調達した資金を金融商品で運用した。景気も高揚したので、設備投資などもおこなった。

この不動産・資産バブルをマネー面で促進したのが、日銀の超低金利政策の継続であった。不動産・資産バブルは、実体経済の成長をおおいに促進した。不動産投機や株式売買でえられた利益が、広範な需要を生み出し、空前の好景気がおとずれた。

さらに、不動産という資産価格が上昇すると、老後などのために貯蓄をする必要もなくなるので、個人消費も拡大した。

資産バブルの崩壊

不動産価格が高騰しすぎたので、庶民は、住宅を買えなくなってしまった。サラリーマンが住宅ローンを組んで住宅を購入できるのは、年収のせいぜい7倍あまりまでといわれている。バブルの末期にはこれをはるか超えた。

住宅の購入をあきらめたサラリーマンは、貯めた頭金を消費にまわしたので、これもまた消費を拡大させた。

不動産価格は、収益還元法からしても異常な高値となった。土地を購入してビルを建てるのに100億円かかり、テナント料から経費などを差し引いて10億円えられたとすれば、投資収益率は10%となる。

もしも、国債の利回りが7%だとすれば、十分な投資収益率である。

地価が高騰して200億円かかり、テナント料も上がって経費を差し引いて12億円をえられたとすれば、投資収益率は6%となる。それでは、わざわざ土地を購入し、ビルを建てて、テナントを探すよりも、国債に投資したほうが、投資効率がいいことになる。

ここまで地価が高騰すると、いずれ、サラリーマンがローンを組んで住宅が買えるようになるまで、収益還元法からして土地を購入してビルを建てても利益がでるようになるまで、地価が下落する。

一方、株価が上昇する局面では、大量の新株引受権が行使され、大量の新株がマーケットで売却される。そうするとマーケットにおびただしい株式が供給され、いずれ需要をはるかに上回ってしまうので、株価は反転する。

こうして、地価と株価が反転することになるが、それがいつなのかは、事前にはだれもわからない。バブルというのは、崩壊してはじめてバブルであったということがあきらかになるからである。

日本の株式バブルは、１９８９年の大納会にピークをつけた株価が、年明けから暴落して崩壊した。不動産バブルは、１９９０年６月に銀行にたいする不動産融資規制がかせられるとともに、91年５月に地価税が導入されて崩壊した。

不動産・資産バブルが崩壊すると、膨大な不動産融資をおこなった銀行にすさまじい不良債権がのこった。

不動産価格が下落しはじめると、銀行から融資をうけて不動産を購入した業者は、転売できなくなってしまった。価格の下落がわかっている不動産を買うひとなどいないからである。銀行は、融資した資金を回収できなくなった。これが不良債権である。

株価が下落すると銀行保有株式の含み益が減少した。

ちなみに、日本は、不動産・資産バブル期に高い自己資本比率を要求してきた欧米の銀行に、株式の含み益などを自己資本に算入することをみとめさせて、受け入れていた。

しかしながら、バブル崩壊で含み益が減少すると、銀行は、所定の自己資本比率を維持することができなくなった。

日本銀行はといえば、低金利の継続が不動産・資産バブルの元凶と批判されたこともあって、バブルを徹底的につぶすために、金利を引き上げつづけた。

地価が反転し、下落をつづけてもなかなか金融緩和に転換しなかった。銀行が大量の不良債権をかかえているので、地価が下落すれば、損失がますます膨れ上がり、日本経済が深刻な打撃をうけるということを日銀は認識していなかったからである。

こうして、デフレをともなう長きにわたる不況、すなわち平成大不況にみまわれることになった。

デフレ不況への突入

1990年に株式バブル、91年に不動産バブルが崩壊すると、92年には実体経済の景気も低迷局面に突入した。かくして、地価の下落によって銀行には、200兆円ともいわれる不良債権、100兆円とも推定される損失がのしかかった。

銀行は、不動産・資産バブル発生の一方の当事者なので、この損失の処理に公的資金の投入をもとめることはできなかった。したがって、みずからの利益によって損失の穴埋めをせざるをえなかった。

この損失の穴埋めを政府と日銀が側面から支援した。政府は、大規模な公共投資によって景気を下支えして、多くの不動産・建設企業の倒産をふせいだので、不良債権の総額自体は、それ以上に膨れ上がることはなかった。

日銀も政策金利を引き下げていったので、銀行の業務純益も増大した。政策金利を下げると、銀行は預金金利をすぐ下げるが、貸出金利はすぐには下がらないので、その差額が超過利益となったからである。

このように、政府・日銀の側面支援のおかげで、銀行は、大量の不良債権を処理することができた。ところが、不良債権処理は「アリ地獄」のようなものであった。処理しても処理してもいっこうに減らなかった。

というのは、銀行は、大量の不良債権をかかえてその処理におわれたために、金融仲介機能が完全に機能不全におちいり、景気が悪化していったからである。

景気悪化とともに、企業は、経費の削減のために大挙して東アジア、とくに中国に直接投資をすすめ、景気の悪化に拍車をかけた。中国などから超低価格商品が流入することで、国内物価が低下したこともあって、１９９０年代末から、深刻なデフレにみまわれるようになった。

景気が悪化すると政府は、公共投資などのために大規模な財政出動をおこなった。それでも、アメリカが１９９５年のドル高政策によって資金流入をはかり、株式・ＩＴバブルが発生すると日本経済も持ち直した。ところが、２０００年初頭に株式・ＩＴバブルが崩壊すると日本経済は深刻な不況におちいった。

日本銀行は、１９９０年代末に景気の変調がみられると、ついに銀行間市場での実質ゼロ金利政策に踏み込んだ。ところが、その解除がアメリカの株式・ＩＴバブル崩壊とかさなったために、景気が後退し、量的緩和に踏み込まざるをえなくなった。

２０００年代にはいると日本企業の国際競争力が低下する一方で、資源・穀物の輸入価格の上昇で交易条件が顕著に悪化した。その結果、時間あたりの労働コストを消費者物価で割った実質賃金率の上昇率がいちじるしく低下した。

実質賃金の下落がデフレをさらに悪化させることになった。

日銀が金利を実質的にゼロにしても、銀行が日銀に保有する当座預金を増やす量的緩和政策をおこなっても、デフレが解消されることはなかった。

（2）デフレの要因

景気の低迷と公共投資

高度経済成長が終了したのちに、金融セクターが主導して経済を成長させてきたが、それが不動産・資産バブルを発生させた。このバブルが崩壊したことによって、経済の成長は完全に停止した。

そこで、政府は、膨大な公共投資をおこなって、景気のテコ入れをはかった。それは、不動産・資産バブル形成の一方の当事者であった建設・不動産業・土建業などに仕事をあたえつづけるためであった。

倒産さえしなければ、銀行は、損失処理をする必要がないからである。業績が悪化した程度であれば、銀行が融資をして利子を支払わせるという追い貸しをすれば、貸倒引当金額は少なくてすむ。

金利引き上げの長期化で不動産・資産バブルをつぶしすぎた日銀は、連続的に政策金利（当時は銀行への貸出金利である公定歩合）の引き下げをおこなった。そうすると、銀行の業務純益は増加しつづけた。

というのは、政策金利が下がると銀行はただちに預金金利を引き下げるが、企業への貸出金利は、約定で半年とか1年とかきめられているので、ただちには下がらない。この預金金利と貸出金利の引き上げ期間にずれがあるばあいに、銀行の利鞘は拡大する。

銀行は、こうして政府の公共投資と日銀の超低金利政策のおかげで、しばらくは、膨大な利益を獲得し、不良債権処理に投入することができた。

銀行が自力で不良債権処理をおこなうということは、それ自体としては、悪いことではない。不良債権が大量に発生したのは、銀行がメチャクチャな不動産融資をおこなったからである。それが、日本経済に多大なる負荷をあたえることになった。

景気のテコ入れのために、政府は、膨大な公共投資をおこなったが、その結果、国土が破壊され、地球環境もいちじるしく悪化するとともに、財政赤字が膨れ上がってきた。

財政赤字が膨大な規模になると経済が成長しないという実証研究があるが、日本の不動産バブル崩壊過程はそのとおりの展開となった。

成長戦略や経済・産業構造の抜本的改革なしに、公共投資による景気のテコ入れだけをおこなえば、それをつづけざるをえない。終了したら景気が悪化するからである。

しかも、銀行が大量の不良債権をかかえたことで、景気が悪化したこともあって、公共投資をやめることができなかった。

天文学的不良債権をかかえた銀行が、さだめられた自己資本比率を維持するには、利益を増やして自己資本を厚くする必要があるが、利益は、不良債権処理に投入しなければならない。

であるとすれば、分母であるリスク資産を減らさなければならない。

当時、融資はリスク資産であるが、国債はそうではなかったので、融資を回収して国債を購入すれば、その金額は分母から消える。したがって、銀行は、新規融資をしないだけでなく、強引に融資の回収（貸し剥がしといわれる）をおこなった。

経営状態が悪い企業は、融資の返済などをもとめられてもできるはずもない。ない袖はふれないからである。

だから、銀行は、経営状態が悪くない企業から融資の回収をおこなったので、経営が悪化するとか、行き詰まってしまう。とうぜんのごとく、景気が悪化していった。

こうして、大量の不良債権をかかえたことで、銀行のきわめて重要な機能である金融仲介機能が完全にマヒした。マネーは、財・サービスの反対側を動くので、マネーの流れがとまるということは、財・サービスの流れも停止するということだからである。

もしも、銀行が正常な金融仲介機能を発揮できていたとすれば、１９９０年代中葉からはじまるアメリカのＩＴ革命が、日本でもある程度は進展していたはずである。かえすがえすも残念である。

金融「恐慌」の勃発

膨大な公共投資がおこなわれたものの、このような要因によって景気はかなり低迷した。しかも、銀行は、自力でかなりの不良債権処理をおこなったものの、不良債権額の総額はなかなか減らなかった。というのは、景気が低迷することにより、正常債権だったはずのものが、あらたに不良債権となってしまったからである。

不動産・資産バブルが崩壊した当初は、銀行も売却可能な優良資産を多くかかえていた。これをはやいうちに売却し、大規模な公的資金の投入により、不良債権処理をさせていれば、バブル崩壊不況ははやいうちに終息したはずである。だが、そうはならなかった。

1994年末には、ついに東京のふたつの信用組合が経営破綻し、日銀が特別融資（日銀特融）をおこなった。この破綻が引き金となって、95年夏にまた信用組合やトップの第二地銀が経営破綻した。

ここで、銀行に公的資金の投入が必要だったのに、住宅金融専門会社（住専）の破綻処理で失敗して、できなくなった。

住専は、農業系の金融機関から多くの融資をうけていた。

農業系の金融機関は、不動産・資産バブルが崩壊するきっかけとなった銀行の不動産融資の総量規制の対象外とされていたので、天下り先である住専の経営破綻を回避しようとする旧大蔵省は、ここに融資をおこなうように要請した。

住専に経営破綻させないために、旧大蔵省は、農業系金融機関の損失の穴埋めに税金を投入した。これがきびしい世論の批判にさらされたのである。

こうして、不良債権処理に公的資金を投入する道がとざされるなかで、１９９７年にアジア通貨危機が勃発するといよいよ金融危機がせまってきた。

かねてから不動産バブル期の過剰投資を懸念されていた三洋証券が、１９９７年11月上旬に「会社更生法」の適用を申請して経営破綻した。

そうすると三洋証券が銀行間市場（インターバンク市場）で借りていた資金の返済ができなくなった。信用によって成り立っていたこのマーケットではじめてデフォルトが発生したのである。

金融機関には、「会社更生法」を適用してはいけないといわれている。通常は、負債の返済が免除されるからである。銀行であれば、経営を整理し資金がのこっていないかぎり、銀行の負債である預金の払い戻しをしない。預金がパーになるのである。

そのような事態が発生すると銀行間市場で、信用が完全にうしなわれた経営状態の悪い金融機関は、このマーケットで資金を借りられないことになる。

だから、三洋証券が「会社更生法」の適用を申請したと報道されたらただちに、日銀は、

「三洋証券に代わって資金を返済します」という声明をだせばよかったのである。もちろん、当時、その後の事態を見通せるひとはいなかったので、日銀をせめるのは酷である。

便宜をはかるからということと引き換えに、経営状態の悪い銀行を、相対的に優良な銀行に引き受けさせたりしていた監督官庁である旧大蔵省も、その後におこるであろうすさまじい事態など予期できず、「これで透明な破綻処理ができた」と自画自賛していた。

こうして、膨大な不良債権をかかえる北海道拓殖銀行と山一証券という大金融機関が、銀行間市場で資金をとれなくなって、ついに経営破綻した。平成金融「恐慌」がついに爆発したのである。

ほんとうの金融恐慌が勃発しかねなくなって、ようやく金融機関への公的資金の投入が国会でみとめられた。だが、実際に投入され、返済されなかった公的資金は、たかだか20～30兆円程度にすぎない。

顕在化しない財政危機

金融危機への公的資金の実際の投入は、それほど大きな規模ではなかった。

もちろん、最大で60～70兆円の公的資金投入枠が設定された。金融危機というのは、銀行の預金が払い戻しされるとか、貸し出した資金は日銀が保証しますとか、あるいはマーケットは崩壊させないし、崩壊しないという信認があれば爆発はしない。

ところが、経済危機や景気の後退に対処するには、膨大な財政資金が必要となる。不動産・資産バブル崩壊期の名目ＧＤＰ規模は５００兆円程度であった。20数年経過しても５００兆円ちょっとである。

もし、公共投資をおこなわなければ、ＧＤＰ規模は激減していたはずである。もちろん、デフレがさらにはげしくなったこともあって、名目ＧＤＰがいちじるしく減少したはずである。

不動産・資産バブル崩壊以降、国債発行残高は６００兆円あまりも増加している。これだけの財政出動によって、ようやく名目ＧＤＰ規模を維持することができた。平成大不況といわれるゆえんである。地方経済も疲弊したので地方財政も深刻化した。

長期にわたる不況のなかで、財政出動による国債発行残高８００兆円あまり、地方の債務残高２００兆円あまり、総計１０００兆円を超える政府債務残高がのこっている。現在では、ＧＤＰ比でじつに２２０％から２３０％にもたっしている。

ここまでの天文学的な債務残高があっても、国債の利回りは（長期金利）はなんと１％を下回るどころか、マイナスになっている。

それでも、国と地方で財政赤字をなくして、年間10兆円節約し、金利がゼロという非現実的な想定をしても、完済するのに１００年かかる計算になる。

たとえ、消費税率を30%という非現実的な水準に引き上げたとしても、財政赤字がなくなるだけである。

したがって、本来であれば、国債を800兆円あまりも発行できないのである。返済（償還）してもらえない可能性はきわめて高いので、だれも国債を買わないからである。

通常であれば、国債発行残高がGDP規模の500兆円にせまったら、売れなくなって長期金利が上昇するはずである。そうすると、利払い費が激増して財政が破綻する可能性が高くなるので、強制的に財政赤字削減をせまられ、健全財政にもどる。

ところが、不動産・資産バブルの崩壊による長期不況と「貯蓄好き」といわれる日本人が、政府に財政赤字削減の努力をサボタージュさせているといっても過言ではない。長期不況で優良な融資先のない銀行には、「預金好き」の国民から膨大な預金があつまってくる。

銀行は、この預金をもっぱら優良運用先である国債に投資してきた。

国債の売買価格は、購入者がいれば上昇する。そうすると利回り（長期金利）は低下する。日銀が超低金利政策だけでなく、実質ゼロ金利政策まで遂行してきたので、銀行は、十分に運用益を獲得することができた。

長期国債のマイナス金利という事態に突入したので、政府は、国債を発行しても、償還時に返済額は元本よりも少なくてよい。おかしな時代である。

こうして、政府はいくらでも国債を発行できるので、財政赤字削減努力はほとんどおこなわれなかった。不況が長期化するとますます国債金利が低下し、マイナスまでいたっているので、利払い費は不動産・資産バブルの崩壊期よりも少なくなっている。

こうして、世界的にみて絶望的な財政赤字が累積しても、政府は、機動的な財政出動としょうして公共投資をつづけている。しかしながら、無限に財政赤字を垂れ流すことはできないので、いずれ、深刻な財政危機と財政破綻が到来するのは必定である。

金融緩和に消極的だった日銀

日銀は、長きにわたり政府から金融緩和が不十分だと批判されてきた。

しかしながら、金融政策が主体的に経済成長を促進することはできないし、マーケットのマネーを直接増加させることもできないし、金利操作など伝統的な金融政策では、超低金利政策が限界である。

とはいえ、恐慌などが勃発するおそれがあるばあいには、中央銀行は、あらゆる政策の動員を要請される。日銀も政府の承認のもとに、危機時に、なんでもできる日銀特融が「日銀法」でみとめられている。

ところが、財政赤字が天文学的規模に増えてもいっこうに財政危機はおとずれない。

１９９７年に金融「恐慌」が勃発したときには、日銀特融をおこなったが、さらなる金融緩和をおこなう必要もなかった。政府が財政出動をおこなうとともに、金融危機に対応するための公的資金投入のスキームがととのったからである。

さすがに、１９９７年のアジア通貨危機の勃発、90年代末にアメリカの株式・ＩＴバブルが崩壊しかかってデフレが深刻化すると日銀は、銀行間市場のオーバーナイト金利を事実上ゼロにするなどの金融緩和をおこなった。

もちろん、日銀は、ゼロ金利政策というのは、伝統的金融政策の枠を超えているのでじきに解除した。ところが解除したとたん景気が失速した。おそらく解除したからではないだろう。

２０００年初頭にアメリカの株式・ＩＴバブルが崩壊したからである。そこで日銀は、銀行が日銀に設定している日銀当座預金を大幅に増やす量的緩和に踏み込まざるをえなくなった。

それは、銀行のもっている短期証券などを日銀が大量に購入して、当座預金に振り込むというわゆる買いオペであり、伝統的金融政策の範囲内ということができよう。

２０００年代にはいってデフレが深刻化しても日銀は、有効な金融政策をおこなわないと政治家に批判されてきた。

デフレ解消のためにインフレ目標（政府は物価安定目標という）を設定せよという要求も拒否しつづけてきた。デフレ下で銀行が日銀に有する当座預金を増やしても、なかなか消費者物価が上昇しないからである。

デフレはマネー現象だから、デフレ解消は日銀の責任という議論に、日銀は抵抗してきた。デフレ解消は、政府の経済政策によってはじめて可能となるからである。すなわち、確固たる成長戦略を構築し、実行することでしか解消できない。

政府には、まだまだ財政出動の余地があったので、日銀に圧力をくわえながらも、財政規模の拡大による景気のテコ入れをおこなった。日銀が伝統的金融政策の枠を大きく超えなくてすんだのは、そのためである。

3　日本でのインフレの亢進

(1) 必要な創造的破壊

必要な四つの矢

安倍政権は、①金融緩和、②財政出動、③成長戦略によって、強い経済を構築しようとしてきた。これが日銀だのみの旧「アベノミクス」といわれるものである。

しかしながら、ここで決定的に欠如しているのは、成長戦略が有効かつ十全に機能するための不可欠の前提である衰退産業の退出、すなわちシュンペーター流にいえば、創造的破壊ということである。

ゼロ金利政策のもとでようやく生き残っている衰退産業や不採算部門が退出をせまられることで、成長産業に資金が投入されるようになるからである。そうすると、資本は、必死になって、ビジネス・チャンスをもとめる。

これがほんらいの資本主義というものなのである。

金融緩和・財政出動の次にくるべきものこそが③創造的破壊であって、その前提の下ではじめて④成長戦略がいかんなく効果を発揮する。

現在の日本に必要とされているのは、「三本の矢」ではなく、「四本の矢」、厳密には「第三・第四の矢」なのである。

ただし、現代経済において、創造的破壊がおこなわれることはない。それは、あくまでも恐慌の機能だからであるが、じつは、1929年世界恐慌以降、恐慌が発生しなくなったが、衰退産業が温存されているのはそのためである。

創造的破壊の欠如

アメリカのように活性化された証券市場が存在し、M&A（企業合併・買収）が積極的におこなわれれば、衰退産業の退出は比較的容易におこなわれる。アメリカ経済が比較的不況に強いのはそのためであるとかんがえられる。

日本もこの分野だけは、アメリカのシステムを導入したほうがいいかもしれない。もしも、衰退産業を退出させたとしても、成熟経済のレベルに到達している日本で、抜本的な成長戦略などは存在しない。自動車が爆発的に売れて、電化がすすむ時代のすさまじい経済成長というのは、とおい過去のものである。

とすれば、日本で成長戦略を構築・実行して、デフレから脱却することができない以上、財政出動による公共投資と異次元緩和による円安誘導しかとる道はないのである。

日本で、もしも強い経済を構築するというのであれば、高度経済成長終結後、高賃金・高福祉による内需拡大型の経済システムを構築する必要があった。ところが、政府や企業がそれを拒否したので、日本でも、逆に格差が拡大してしまった。

１９８０年代末の不動産・資産バブルが崩壊すると、政府は、財政出動をおこなって、景気浮揚策をとってきた。その結果、財政赤字が膨れ上がって、成長がとまった。

デフレにもみまわれるという「日本化」といわれる事態が発生した。

（２）財政赤字の累積

なぜ財政赤字が拡大したか

日本では、不動産・資産バブル崩壊以降、ほとんどの国債が国内において超低金利で消化されてきたので、日銀が前面にでる必要はなかった。

投資先のない銀行などのほか、金融機関が大量の国債を購入してきた。国債のマイナス金利で、政府は、ますます国債を発行して資金を調達する財政ファイナンスをおこなうことになるであろう。いずれ悲劇的な規模にまで膨れ上がることは必定である。

もしも、ギリシャなどのように国債のかなりの投資家が外国人であれば、国債を８００兆円あまりも発行できなかったはずである。

国債発行残高が半分の４００兆円程度のときに、国債の消化不良が発生して、長期金利が跳ね上がれば、政府は、それ以上の新発国債を発行できなくなったであろう。

そうすると、政府は、財政赤字の削減に真剣に取り組まなければならなくなる。

こういうときにこそ、日銀が前面にでて、政府の財政赤字の削減努力をサポートする。これが、現状の欧米諸国における政府と中央銀行の役割分担である。

アメリカでもヨーロッパでも財政赤字の削減がある程度、すすんできているのはそのためである（図４、参照）。

アメリカでも、グリーンスパン元ＦＲＢ議長は、「政治的に危険をともなう予算の削減か、医療費の削減、年金の受給年齢の引き上げか、あるいは深刻なインフレーションだけが、財政赤字の穴埋めができる」とのべている（*Wall Street Journal*, 18 June 2010）。

図４　財政収支・債務残高の国際比較

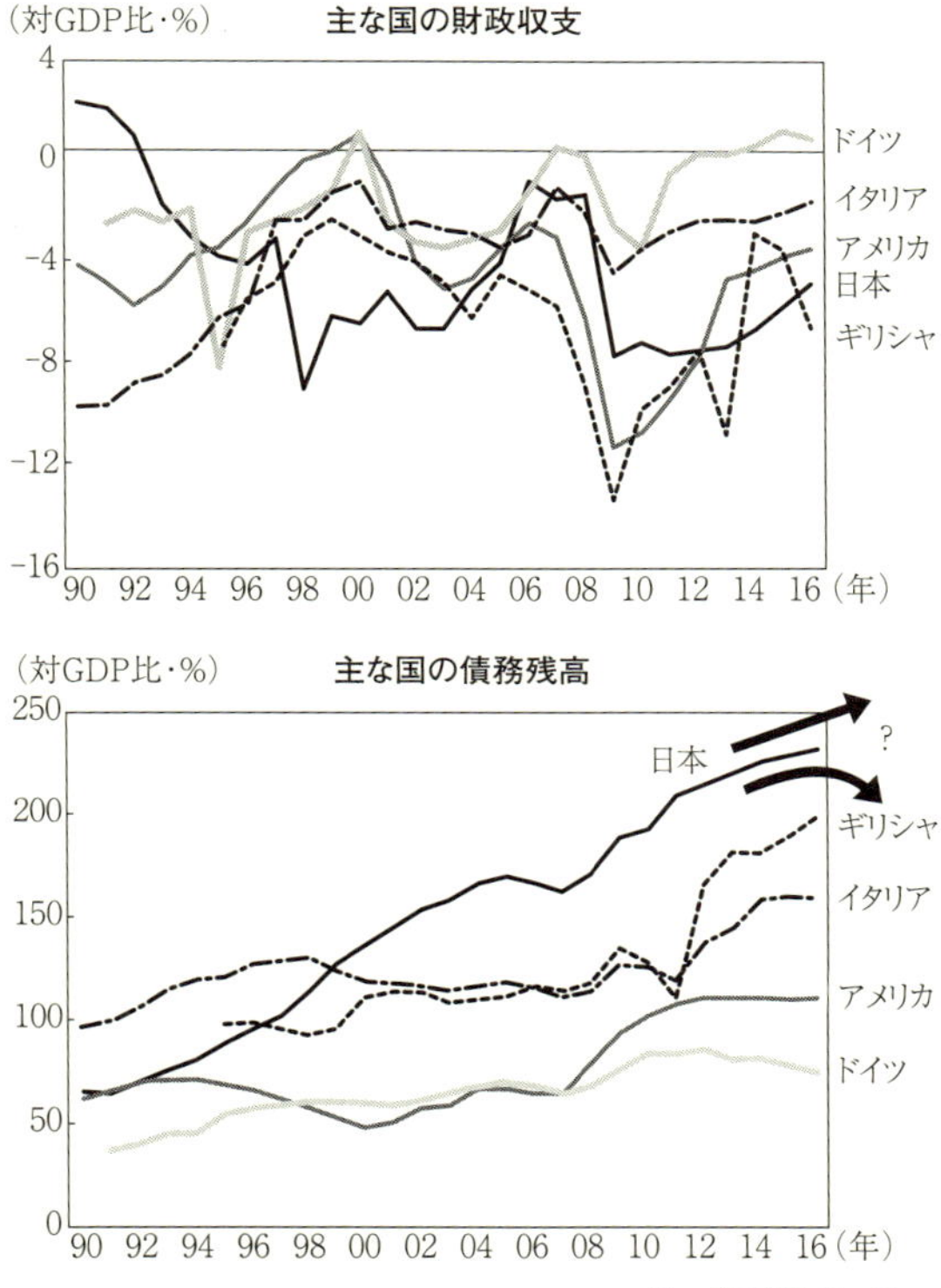

※一般政府ベース

（出所）財務省。

ドイツでは、単年度では財政黒字を計上している。

絶望的な日本の財政赤字

ところが、日本政府は、国債発行残高８００兆円・政府債務残高１０００兆円を超えても、さらなる国債発行によって超低金利で資金調達をつづけている。現在では、10年物までがマイナス金利で発行されている。本来、こんなことはありえないはずである。

８％への消費税率の引き上げは、財政赤字削減のためにおこなったはずなのに、あいかわらず多額の公共投資をつづけている。

日銀の異次元緩和で長期金利がマイナス０・２％あまりというとんでもない水準にまで低下している。欧米とちがって、日本では、財政赤字が極端に膨れ上がってから、中央銀行が前面にでてきたところに深刻な問題がある。

日本の政府債務残高１０００兆円以上のうち、国債発行残高８００兆円あまりを抜本的に減らすというのは、不可能である。毎年10兆円の財政黒字を計上しても、半分にするのに、じつに40年の歳月が必要である。

２０１６年度の税収見通しが50数兆円なのに、歳出は１００兆円にせまる。これを黒字化することは不可能であるし、国債収入と国債利払い費を差し引いたプライマリーバランスを黒字にするのもかなりむずかしい。

消費税率を20％に引き上げれば、プライマリーバランスが黒字化し、財政赤字の削減は可能となる。だが、安倍政権は、２０１６年６月に消費税率10％への引き上げを19年10月まで先延ばしにした。

やはり、日本では、税収が増えると、増えた分を景気対策として、公共投資などにまわす傾向にあり、財政健全化はかなりむずかしい。

欧米諸国のように歳出の大幅な削減をおこなうと、景気は、いちじるしく後退するので、日本政府は実行することはできない。

結局は、日銀が大量のマネーの供給によって、円安誘導と国債の金利をマイナスに維持しなければならないことになる。

もしも、国債価格が下落して、長期金利が上昇すれば、日銀と銀行の保有国債に膨大な損失が計上されるとともに、政府の国債利払い費が激増し、国家財政が破綻してしまう。

こうして、長期金利を低くおさえるための金融政策が日銀の至上命令となる。日銀は、ついに長期金利までマイナスにした。これからは、国債を発行すれば、国は利子をもらえる。バカバカしい話である。

これは、非伝統的金融政策などではなく、中央銀行にとっての「禁じ手」である。

不可能な日本での財政再建

日米欧でデフレ状態におちいっているが、その克服のために、中銀が前面に登場せざるをえなくなっているなかで、このまま事態が進展すれば、欧米諸国や日本では、資産バブルが発生する可能性が高い。

というのは、欧米諸国は、緊縮財政努力によって、健全財政に復帰する可能性が高いものの、景気は低迷し、デフレが深刻化する可能性が高いからである。

景気のテコ入れとデフレ克服のために、欧米諸国中央銀行は、長期金利を低位にしておくために国債を購入するものの、その中心は、住宅ローン担保証券などの証券化商品であろう。

１０００兆円（国債発行残高８００兆円あまり）を超える政府債務残高をかかえる日本では、いずれ国債の国内消化が不可能になる。財政赤字が累増して、国債の格付けはさらに引き下げられるので、外国の投資家に購入してもらうこともできない。

ほんらいであれば、徹底的な歳出削減努力をして歳出を60兆円規模に縮小し、累進課税をもとにもどして、消費税率を20％に引き上げて、歳入を80兆円くらいにすべきである。もちろん、抜本的な成長戦略や景気テコ入れ策は不可欠の前提である。

ここで財政黒字が20兆円くらいでるので、これで国債を償還すればいい。国債の発行残高は８００兆円くらいなので、長期金利が１％程度であれば、20年で半分になる。

こうした緊縮財政こそ、健全財政実現の王道である。

この決断をしないかぎり、日本経済は崩壊する。欧米諸国がそうであるように、緊縮財政は景気の後退政策であるので、日銀が前面に登場するのが現代資本主義における中央銀行の存在意義である。

たとえ、不動産・資産バブルが再現されるリスクを覚悟のうえで、景気の落ち込みを中央銀行が阻止しなければならないということでもあるかもしれない。

もちろん、こんな極端な緊縮財政などできるはずもない。したがって、日本では、景気の高揚により、税収を増加させて財政を再建するという非現実的な政策がおこなわれている。

ところが、資産バブルの絶頂期ですら税収はたかだか60兆円であった。消費税の導入や消費税率の引き上げのときに、所得税減税などがおこなわれたので、税収は消費税の税収分ほどは増えていないからである。

このようにみてくると、日本では、緊縮財政努力による健全財政の実現は不可能であろう。もしも、成長が停止している現段階で、実物インフレではなく、景気を高揚させるとすれば、資産バブルをおこすことしかない。ただ、それでも、税収が現状の50兆円の税収が60兆円に増えるだけである。

しかも、長期金利の上昇はなんとしてもさけなければならない。もちろん、長期国債のマイナス金利をそんなに長期につづけることはできない。経済がガタガタになるからである。長期金利が上がると、住宅ローン金利が上昇して、住宅市場が冷え込み、企業の資金調達コストも激増する。なによりも国債の金利が１％上昇しただけで利払い費は数兆円増えるだけでなく、金融機関が保有する国債価格が下落するので、膨大な損失をこうむってしまう。

日本でのインフレの亢進

こうした状況のなかで、国債消化を円滑にし、長期金利を低位にとどめ、株式市場と不動産市場のテコ入れのために、政治に屈服した日本銀行は、あらゆる期間の日本国債、株価などの指数連動投資信託（ＥＴＦ）、上場不動産投資信託であるＪ－ＲＥＩＴ（リート）をさらに大規模に購入せざるをえなくなっている。

政府がどれだけ国債を発行しても金利がマイナスであれば、大規模な国土強靭化のための公共投資をおこなうことができるので、景気は高揚する。日銀のマイナス金利導入でこの財政ファイナンスが加速されることは必定である。

日銀は、異次元緩和なるもので、発行される新規国債のほとんどを購入しているので、40兆円あまり発行される新発国債の代わり金がニュー・マネーとして日銀からマーケットに流入する。政府は、さらに国債を増発してもなんとマイナス金利で資金を調達できる。

災害に強い国土を作り上げるとか、オリンピック・パラリンピック開催のために世界に誇れる都市をつくるなどという大義名分のもとに大規模な公共投資がおこなわれれば、国民は反対しないし、むしろ景気がかなり高揚し、政権の支持率が上昇する。

国債の大量発行は、この事実上の国債の「日銀引き受け」によってのみ可能となる。利払いや償還の可能性などマーケットの監視機能が完全停止させられているからでもある。

「財政法」で、日銀による国債の直接引き受けが禁止されている以上、銀行にいったん買わせて、それを日銀が多少高く銀行から買うので、たとえマイナス金利であっても銀行は儲けられる。わざわざ、国のお金を銀行に給付するようなことをおこなっている。

だから、マイナス金利で政府は利子をもらえるが、日銀が損をするので、国庫納付金が減ってしまい、政府の儲けはないといわれている。

日銀は、２０１６年5月27日に15年度の決算で国債の利息収入のうち４５０１億円を将来の損失にそなえて引当金をつんだ。このぶんの国庫納付金が減少する。

日銀は、株価や地価を引き上げるために、ＥＴＦやリートも買い進むことになるので、株価と地価が高騰して、資産インフレになる可能性も高い。

40年物国債金利０・１％あまりと、マーケットは40年先までデフレ状態を予想しているのだが、実物インフレがすすむだろうというのは、「物価安定目標」にこだわる日銀によるマイナス金利付き量的・質的金融緩和の際限ない拡大で、円安が進行することになるからである。

外国で消費者物価が安定していて、日本だけが実物インフレになると円安がすすむが、日銀によるマイナス金利幅の拡大、国債、ＥＴＦ、Ｊ－リートなどの大量購入でさらなる金融緩和がおこなわれると円安がすすむであろう。

日本では、円安がすすむとなぜか喜ばれるが、じつは、経済にかなり深刻な打撃をあたえる。輸入物価が跳ね上がって、実物インフレがさらにはげしくなるとともに、外資は為替で大損するので、日本から投資を引き揚げる行動にでるからである。

さらに、日本での預貯金も実物インフレをきらって外国に流出するので、銀行などがドンドン倒産するかもしれない。金融機関への大規模な公的資金の投入が必要になり。財政赤字がさらに増えてしまう。

したがって、円安の高進をなんとしてもとめなければならない。その方法として、ひとつは、戦前、インフレの亢進をとめるためにおこなわれたように、外国との資金取引を禁止することである。ただ、国際金融市場がここまで自由化された現状では不可能である。

もうひとつは、政府が為替介入をおこなって、過度の円安の進行を食い止めることであるが、外貨準備１００兆円規模では焼け石に水である。

こうして、資産インフレと消費者物価が上昇する実物インフレが亢進するのであるが、消費者物価上昇率を10％程度にとどめておかないと日本経済は崩壊してしまう。

デフレ克服が政府と日銀の悲願であったが、ここで、本来の2％のインフレ目標にむけて、政府と日銀がインフレ抑制に毅然とした政策を採用できるかがとわれる。

だが、むずかしいであろう。

日銀が長期金利を2％程度におさえることができて、消費者物価上昇率10％が数年つづけば、1000兆円の政府債務残高は実質的に半分になる。日銀のおかげで政府は、ろうせずに健全財政を実現できる。

だから、中央銀行であるはずの日本銀行たるもの、絶対に政治に屈してはいけないのだ。

欧米諸国は、かろうじて自主的な緊縮財政政策により健全財政に生まれ変わることができるであろうが、残念ながら、日本の財政赤字はそれをゆるさない絶望的な規模である。

結局は、「実物インフレ税」というかたちで、預貯金者や国債保有者の犠牲のもとに、政府や企業の債務が激減する道しかのこされていないだろう。

インフレが政府の健全財政や企業の健全財務をもたらすというのもおかしなものであるが、その結果、現代の成長戦略とあらたな分配政策をとることができれば、日本経済はあらたなステージに移行することができるかもしれない。

あくまでも、庶民の犠牲のうえに……

第5章　金利引き上げこそ強い経済を構築

1　金利引き上げで恐慌を誘発

(1)　オリンピック・パラリンピックの開催

二度目のオリンピック

日本は、2020年の東京五輪・パラリンピック（東京五輪）の開催にむけた「成長戦略」を構築しつつある。

第一回目の開催は、私が中学生のことであった。たしかに、胸を躍らせたことを覚えている。女子バレーボールの決勝など手に汗を握って観戦したものである。アナウンサーの絶叫する「今後こそ金メダルポイント」という言葉を何度聞いたことか。

しかし、第二回目の開催は、その後にみまわれるだろう日本の悲劇のはじまりとなるかもしれない。

東京五輪の開催は、安倍政権の唱える（旧）第三の矢につづく「第四の矢」だといわれたことがあるようだが、現状の日本で、それ以外の「成長戦略」などとりようがないからであろう。

というのは、この「第四の矢」というのは、第二の矢である公共投資とおなじものだからである。第二の矢とはいえないので、「第四の矢」といっているだけのことである。

東京五輪開催のために、さまざまな施設を建設しなければならないし、都市の整備もしなければならない、自民党がいままでつづけてきた公共投資をおこなって、景気のてこ入れをおこなうという、まさにそのことにすぎない。

開会式をおこなう新国立競技場も、600億円程度が普通なのに、なんと2520億円もかけるという。しかも、「芸術的」すぎるうえに、難工事で、開催に間に合うのかと心配された。とうぜんのごとく、税金をはらう庶民の批判が、はげしくなっていった。

そこで、2015年7月17日、安倍首相は内閣支持率が暴落して、「安保法案」の審議に支障をきたすことをおそれ、新国立競技場の建設計画を白紙撤回した。

結局、それまでの世界のオリンピックの開会式会場の建設費は600億円あまりなのに、1550億円の経費をかけて建設することになった。しかも、屋根があるためか聖火台を作るところがないという。

日本が久しぶりに世界のひのき舞台に登場する東京五輪の開催を批判しようものなら、私は聞いたことがないが、戦時中の言葉である「非国民」と罵倒されるだろう。

だから、いつまでつづくかわからないが、安倍政権は、大手をふって「東京五輪投資」をおこなうことができる。各省庁は、東京五輪関連といえば、なんでも査定がとおるので、みんなそうするだろう。

財政赤字の膨張ということに目をつむれば、それはしかたのないことかもしれない。現状の資本主義の発展段階では、抜本的な成長戦略など存在しないからである。

公共投資のオンパレード

これから、東京五輪にむけて、すでにおこなわれているリニア中央新幹線の建設や新幹線のあらたな敷設、世界に誇れる都市作りを標榜した公共投資、国土強靭化のためとしょうする公共投資など、財政のさらなる大盤振る舞いがおこなわれることはまちがいない。

２０２０年までは、こうした公共投資で、日本経済をなんとかもたせることができるだろうし、政府はなんとしてももたせるであろう。だが、東京五輪が終わったとたんに、景気がいちじるしく後退することを覚悟しなければならない。

ギリシャは破綻寸前だし、韓国、スペイン、オーストラリアなどオリンピック開催国は、おしなべて終了後に深刻な景気後退にみまわれてきたからである。中国にいたっては、不動産バブル崩壊恐慌の様相をていしている。

だがしかし、景気後退くらいであれば、まだましかもしれない。いずれ回復する可能性があるからである。

すさまじい財政赤字に打ちひしがれてしまうことが、「オリンピックの悲劇」である。

東京五輪開催を錦の御旗にして、この5年あまりで、財政危機をまったく気にせず、公共投資がおこなわれ、現時点で1050兆円あまりの政府債務残高が1400兆円くらいになるかもしれない。

緊縮財政に転換することなどまずないので、マイナス金利など低金利で国債を発行できる間は、なんの憂いもなく借金をつづけるであろう。5年間で国債発行の新規増加が200兆円以上、東京五輪関連で100兆円くらい発行されれば、国内で国債の消化不良が発生するだろう。

それは、東京五輪までは、公共投資のおかげで顕在化しない。私がひそかにおそれるのは、「宴」のあとの財政破綻・インフレ亢進による「2020年オリンピック恐慌」の勃発である。

財政赤字・政府債務残高は、すでにアジア・太平洋戦争当時の規模にたっしている。

もちろん、日米開戦時と次元はまったくちがっているが、どうして、東京五輪返上という声がでてこないのか不思議である。オリンピックなど、まだ開催したことのない国にまかせればいいのではなかろうか。

安倍氏は、オリンピック招致の演説で、福島第一原発は、「コントロールされている」と大見栄をきった。ところが、いまだにコントロールされてはいない。放射性物資が垂れ流されている。

森喜朗元首相のいう「生ガキ」のような「芸術的」で巨額の建設経費がかかる新国立競技場を、東京五輪開催のさいに、お目にかけるといったのも、安倍氏そのひとである。

（2）金利を４％に
神の「見えざる手」

平成大不況がいまだに終息せず、デフレからの脱却ができないのは、衰退産業の退出・成長産業の登場という市場メカニズムを十分に機能させてこなかったからである。

政府は、（旧）第三の矢としょうして、投資を喚起する成長戦略をかかげてきた。ところが、強い経済を作り上げていくうえで、もっとも重要であるはずの成長戦略がいぜんとして実行されていないどころか、構築すらなされていない。

もちろん、資本主義の現段階において、経済をダイナミックに成長させる戦略など存在しない。自動車や電機の爆発的普及期などをのぞけば、いつの時代もそうだった。とはいえ、資本主義に移行して現在にいたるまで、経済は、地球環境を破壊しつくすところまで、いちじるしく「成長」してきた。

だが、それは、けっして国家が「エリート」をあつめて成長戦略を構築し、実行してきたからではない。もしそうならば、旧ソ連「社会主義」は、いまごろダントツの超大国となっていたはずである。

経済が成長してきたのは、何十万、何百万、何千万人という生産者が、寝食を忘れて、売れるいいもの作りやサービスの提供にはげんできたからである。生産したものが売れなければ、当該企業は倒産する、経営者は路頭に迷うという強迫観念にかられて。

だから、だれにせかされるわけでもないのに、生産者は、生き残りをかけて、いいモノ作り・サービスの提供をおこなっている。これが、アダム・スミスのいう神の「見えざる手」である。

ところが、1929年世界恐慌が終わると神の「見えざる手」は、有効に機能しなくなってしまった。

モノが売れなくなると、国家が「ケインズ政策」を実行して、需要をつくってくれるとともに、大企業（独占企業）は、競争を排除できるようになったからである。預金保険制度が導入されるとか、政府が金融支援をおこなうので金融恐慌も勃発しなくなった。

それまでは、需給ギャップなどは、古典的恐慌が解決してくれた。需要より供給が大幅に上回れば、価格が低下して、不採算企業がどんどん倒産し恐慌が勃発し、供給が需要と一致して、恐慌が終息する。

ところが、財政出動や金利の引き下げなどで需要を供給水準まで引き上げろというのが、現代資本主義である。だから、不採算企業や衰退産業が淘汰されず、成長産業も登場しないので、景気の低迷や不況からなかなか離脱できない。

資本主義の金利概念

やはり、平成大不況に突入すると政府の財政出動と日銀の超低金利政策がフル出動した。日銀は、20世紀末に実質ゼロ金利政策に突入し、一時引き上げたものの、じきにゼロ金利に復活した。量的緩和も実行し、ついにマイナス金利政策にまで踏み込んでいる。

日本では、とうの昔に、高度経済成長と不動産・資産バブル成長が終結したのに、いまだに衰退産業が退出せず、経済をダイナミックに成長させる成長産業が登場していない。もちろん、はたして、ダイナミックな成長が必要かという根源的疑問はのこるが。

衰退産業や不採算企業が退出しないのは、超低金利やマイナス金利のおかげで、銀行からの借金の利払いは少なくてすむので、利益を上げなくても、生き延びていけるからである。しかも、政府の手厚い保護政策のおかげで、中小企業以外にはなかなか倒産しない。

これは、経済が成長しないというよりも、資本主義そのものを否定するものである。資本主義は、あくなき利潤追求のシステムである。それは、本来、資本家（経営者）などがぜいたくをするためではない。

製造業などの株式会社というのは、いいモノを作り続けて生き延びることを運命付けられている。だから、次世代に登場するだろうモノを念頭において、研究開発をおこなっていかなければ、いずれ既存のモノが売れなくなって倒産する。

研究開発には、膨大な資金が必要である。しかも、それが将来の利益獲得につながるかもわからない。だから、より多くの利潤の獲得が必要なのである。

資本主義における金利概念というのは、利潤の控除なので、金利ゼロということは、利潤を上げなくてもいいということになる。

日本では、こういう状態が、なんと20年以上もつづいている。

不動産バブル期にメチャクチャな不動産融資をおこなった銀行に、天文学的不良債権が累積し、金融仲介機能が停止したこととあいまって、衰退産業（企業）がしぶとく生き残り、生産性も向上しなかった。

日本は、二十数年を無駄にすごしてしまったのである。まさに「失われた二十数年」である。

４％金利へ

政府はもちろんのこと、日銀が成長戦略を構築・推進することがむずかしい以上、日銀は、衰退産業の退出・成長産業の登場による産業構造改革、経済格差の縮小による経済成長を促進する金融政策に大転換したらどうだろうか。

さいわい、２０２０年に東京五輪が開催される。しばらくは、五輪「景気」がつづくはずである。このままいけば、東京五輪は、財政赤字を膨れ上がらせるだけで、悲惨な結末をもたらす可能性が高い。それを逆手にとる政策である。

平成大不況に突入してから、唯一絶好の機会を逃してはならない。

産業構造改革と個人消費拡大を断行し、強い経済を構築する「劇薬」政策を採用するとすれば、景気の低迷をおさえなければならないが、東京五輪「景気」が帳消しにしてくれるはずだからである。

しかも、「オリンピック恐慌」の打撃を軽減することができるはずである。「恐慌」後には、あらたな時代に対応する産業構造が構築されるとともに、個人消費主導の経済システムが構築されているだろう。

その「劇薬」とは、日本銀行が、政策金利を景気に中立的といわれる4％まで、年1％ずつ上げていくということである。2020年の東京五輪までには4％となる。

企業は、金利の引き上げにたいして、生き残りをかけた対応をせまられる。企業は、経営体質の強化や利潤機会を必死になって模索する。政府も健全経済を阻害しないかぎりで、規制緩和・撤廃をすすめざるをえなくなる。

景気も高揚するが、それは、金利の引き上げによって、個人消費が拡大していくからである。いままでの超低金利政策のおかげで、この二十数年に預貯金者のうしなわれた利子は数十兆円といわれている。マイナス金利になるとなんと利子をとられる。

個人金融資産のうち預貯金は900兆円あまりである。1年目は9兆円、2年目は18兆円、3年目は27兆円、4年目は36兆円の金利収入となる。利子課税で4年目には7兆円もの増収になる。

税引き後の金利収入を全額支出にまわしたとして、単純計算でも、1年目は1・4％、2年目は2・9％、3年目は4・3％、4年目以降はなんと5・8％の成長となる。

年金生活者の心情

退職して年金生活者になると、預貯金の元本は、極力減らしたくないとおもうようになる。この気持ちは、年金生活者にならないとわからないだろう。ましてや金持ちや有力政治家の子息には、けっしてわからない。

税金をまけてやるから、貯め込んだ預貯金を孫にやれ、といわれて、はいわかりましたという年金生活者はあまりいない。どうして年金生活者が虎の子の預貯金を抱え込むのか。紙切れは、あの世にもっていけないといわれても。

生きている間に預貯金などを相続すると、子どもは、面倒をみてくれなくなるのではないか、孫もお小遣いをあげなければ、喜んできてくれないのでは、という不安にかられてしまう。もちろん、子どもたちは、親や爺さん・婆さんを大事にしてくれるのだが。

それでも、預貯金があるから大事にしてくれるとおもってしまう。

この二十数年間、個人消費が冷え込んできた大きな要因のひとつに、このような理由で、年金生活者があまり消費しなかったことにある。

平成大不況にみまわれてから定期預金金利は、下がりつづけ、ついこの間まで0・1～0・5％くらいであった。それでも、雀の涙くらいとはいえ、利子がもらえるだけよかったのかもしれない。

3000万円の定期預貯金があったとしても、金利は、年3〜15万円くらいのものであった。税金が20%源泉徴収されるので、2・4〜12万円くらいであった。これでは、孫に小遣いもやれない。それでもなにがしかの金利は手にはいった。

ところが、日銀がマイナス金利政策を導入したので、へたをすれば元本も減る。日銀もひどい政策をだしてきたものである。

金融論では、お金は、あまっているところから、たりないところに資「金（が）融」通されるといわれる。借り手は、時間をお金で「買う」のである。これが金利である。

ところが、マイナス金利では、逆に、貸し手である預金者は、時間をお金で買ってもらうということになる。年金生活者は、日銀によって、過去の労働からもマイナス金利というかたちで、「収奪」されるということである。

日銀は、金融論に「死」を宣告したのかもしれない。

プラス金利とマイナス金利では、年金生活者にとって天地の差がある。生涯をまっとうするまで預貯金の元本は減らしたくないというのが、年金生活者のいつわらざる心情である。

それは、日本の劣悪な福祉政策に起因する。大病したら預貯金などあっという間になくなる。いつおむかえがくるかわかれば、計画的につかうことができるのだか。

北欧の福祉国家のように、税金を多くとられても、福祉が充実し、病院などが無料であれば、預貯金を老後の楽しみにつかうことができる。

だから、マイナス金利というのは、庶民いじめの似非「金融政策」である。

ほんとうに庶民の預貯金にマイナス金利が適用されたら、年金生活者は、日銀の本店にムシロ旗を立てて、押し寄せるだろう。もちろん、金融庁は、預貯金にはマイナス金利を適用しないように指導している。

定期預金金利が４％になれば、３０００万円の預貯金に年１２０万円の金利が支払われる。税引き後96万円なり。

これだけあれば、たまには、おいしいものも食べれるし、旅行にもいける。孫にもお小遣いをあげることができる。こうして、老後を楽しむことができるだろう。

必要な激変緩和措置

政策金利を年１％、４年間引き上げていく金融政策を断行すれば、衰退産業・企業や不良企業は、どんどん倒産していく。それは、この「失われた二十数年」間におこなわれなければならなかったことである。

もちろん、産業構造改革なので、これを看過しなければならないが、恐慌状態におちいってしまう。だから、４年程度にかぎり激変緩和措置をとらなければならない。

企業倒産のほとんどの責任は、経営者にある。労働者・従業員にその責任はない。だから、失業者にたいして、綿密な職業訓練を前提に、次の就職口がみつかるまでの雇用保険の給付が不可欠である。

ただし、ドイツのように、ハローワークなどから紹介された就職口を原則として、拒否できないようにしなければならない。

民間活力をつかって、成長産業の登場を促進する「恐慌政策」なので、しっかりと教育・職業訓練をうけた人材を成長産業に提供する必要がある。だから、失業者に職業訓練を義務付けることが不可欠なのである。

もちろん、大企業とくらべて競争力のおちる中小企業には、税制や金利や規制などの面で優遇措置をとることが必要である。ただし、放漫経営の中小企業を温存してしまう可能性があるので、健全経営や成長可能性が高い中小企業に限定しなければならない。

住宅ローン金利が跳ね上がるので、一定の年収以下の借り手には、政府による利子補給が不可欠である。

問題は、次にのべるように、国の債務への利払いが激増することである。そのほか、さまざまな問題がでてくる可能性があるので、十分な留意と対処が必要である。

２　財政再建と福祉充実

（1）大前提は財政再建

欧米での財政再建

リーマン・ショックにみまわれたアメリカでは、膨大な財政出動がおこなわれた。イラク侵攻の長期化で財政赤字が膨れ上がるなかで、バブル崩壊危機対策でさらなる財政出動をおこなった結果、政府債務残高のＧＤＰ比は１００％あまりにまで上昇した。

ときあたかも２０１０年におこなわれたアメリカの中間選挙で、上下両院でのネジレ現象が生じた。そうすると大きな政府をきらう野党共和党が連邦債務上限の引き上げに抵抗した。

アメリカでは、第一次世界大戦時の戦費の膨張を食い止めるために、連邦政府が借り入れできる上限が設定され、この上限を引き上げるには議会の承認が必要となった。

２０１１年８月に野党共和党は、債務上限引き上げをみとめるかわりに、引き上げ分の歳出の削減をおこなうことを要求した。与党がこれを受け入れたので、12年初頭から軍事費などをはじめ歳出の削減が断行された。

２０１３年10月にも上限引き上げでもめたが、14年２月に先送りされて、引き上げられた。ここで、歳出の削減がおこなわれることになった。

アメリカでは、イラク侵攻と世界金融危機対策で財政赤字が膨れ上がったが、財政赤字が削減され、かろうじて健全財政にもどる可能性がある。

ヨーロッパでは、南欧諸国などで債務危機が勃発している。それにもかかわらず、EU諸国は、単一通貨ユーロを守るために、景気が後退しても徹底的な緊縮財政をせまられている。

さすがに、緊縮一辺倒だと景気がますます後退し、財政赤字がかえって増えてしまうこともあるので、景気の回復のために財政出動もおこなわれるようになってきた。

ただし、北ヨーロッパ諸国では、比較的健全財政がたもたれている。したがって、「財政規律条約」の締結などによって、健全財政をめざしている。ドイツでは、単年度では、なんと財政黒字に転換している。

このように、欧米諸国は財政再建がかろうじて可能であるが、1000兆円を超える政府債務残高をかかえる日本では、財政赤字の削減はもちろん、健全財政の実現というのもかなりむずかしい。

不可欠な財政再建

日本は、1000兆円を超える政府債務残高をかかえ、対国民総生産（GDP）比で230%あまりである。欧米諸国は、緊縮財政をすすめてきているのに、日本では、相変わらず放漫財政がつづけられている。

景気がよくなったから、税収が増えたと喜び、さらに歳出を増やす。消費税率を５％から８％に引き上げても歳出削減をしようとしない。

それは、日銀による異次元金融緩和で、ほぼゼロ金利で、最近ではマイナス金利で、国債発行によって、いくらでも資金を調達できているからである。いわゆる財政ファイナンスのフル出動である。

国債の発行金利が４％に上昇すれば、そうはいかない。

現在の年間の国債利払い費は20兆円程度であるが、これが40兆円を超える。というのは、現在は２％程度の金利計算で利払い費を計上しているが、これを４％にしなければならないからである。

これからあらたな金利が適用されるのは、新発国債と借り換え債であるとはいえ、かなりの歳出増になることはまちがいない。

したがって、政府は、二十数年間「サボタージュ」してきた抜本的な歳出削減に取り組まなければならなくなる。もちろん、旧大蔵省、現財務省が、健全財政構築のために奮闘してきたことに敬意を表する次第である。それを政治が捻じ曲げてきたのである。

ようやく、政府も、健全財政にむけ、重い腰を上げるようになる。

（2） 分配政策と福祉充実

成長の限界

資本主義の現段階というのは、おそらく、１９２９年世界恐慌以来はじめて日米欧でデフレにみまわれるというところに到達したということなのかもしれない。したがって、これまでの経済成長の構造を根本的に転換しなければならないとかんがえられる。

すなわち、実体経済の自立的・自主的な成長、１９２９年世界恐慌以降の国家主導、金融セクター主導、中央銀行主導による実体経済の成長促進策が、すべて破綻したということにほかならないからである。

実体経済主導のダイナミックな成長というのは、重化学工業のプロセス・イノベーション（モータリゼーションや電化など）が本格的に進展した１９２０年代のアメリカで終焉したとかんがえたほうが合理的かもしれない。

ハイテク産業は、実体経済ということができるが、資本主義を情報化社会というあらたな段階に移行させたということもまた事実であろう。

繊維工業や重化学工業のイノベーションは、経済をダイナミックに発展させた。情報化社会に移行するなかで、ハイテク・イノベーションが金融イノベーションを促進した。

ただ、ハイテク産業が経済を発展させる機能というのは、繊維工業や重化学工業とくらべると高くはないので、金融イノベーションがそれを補完したとかんがえられる。欧米の住宅・資産バブル崩壊で勃発した21世紀初頭大不況が深刻化したのはそのためである。

自由競争資本主義では、生産設備の過剰は、恐慌というかたちで処理された。

１９２９年世界大恐慌後に金本位制から管理通貨制に移行してからは、生産の過剰は、恐慌では解決されず、不況というかたちであらわれた。国家が需要を創出することで生産・供給の過剰が吸収されたからである。

ところが、数字が支配的な金融イノベーションでは、供給の過剰には際限がない。金融資産の規模というのは、兆を超えて京の世界にはいっている。とことん金融セクターが膨張して崩壊する。だから、バブル崩壊不況というのは、実体経済の崩壊とはくらべものにならないくらい深刻化するのである。

そうすると国家と中央銀行が金融危機に対応するため大規模な資金供給をおこなう。その結果、財政危機にみまわれてしまうので、緊縮財政により、財政危機を克服しなければならない。

景気が悪くなるので、金融規制を緩和・撤廃して金融機関の収益性を引き上げて景気のテコ入れをおこなう。

これからは、資産バブルの形成・崩壊、金融・経済・財政危機、中央銀行の全面出動、緊縮財政、資産バブルの形成という悪循環におちいる可能性が高い。

日本は、インフレの高進による財政赤字の実質的な削減がなされたのちに、公共投資、株価と地価の上昇による景気の高揚という道をたどるであろう。

環境保全のために

地球環境の保全を企業活動やひとびとの生活にきっちりと組み込めば、経済・産業構造を根本的に変革することができる。

脱原発をすすめれば、エネルギー革命が進展して、温暖化の防止になるし、経済・産業構造が大転換するので経済が成長する。ガソリン車は電気自動車にかわる。

とくに、電気自動車は、一回の充電で５００キロまで走れるようになってきている。急速な進歩である。

これから5年かけて、税制の優遇措置などによって、ガソリン車から電気自動車に大転換させる政策を採用すれば、温暖化ガスの排出を減らしながら、５％程度の経済成長も可能であろう。

水素と酸素で電気を作りモーターを回す燃料電池車の販売もはじまったが、これはやめたほうがいい。どうやって、水素を取り出したらいいかという問題が解決されていないからである。もちろん、企業にいままでの開発経費を回収させる必要があるので、やめられないのであろうが。

発電では、原子力はもちろんのこと、化石燃料をつかうのもやめなければならない。自然エネルギーにドンドン転換していけば、経済もある程度は成長するし、温暖化ガスの排出量も激減していく。

分配政策への転換

負の連鎖を断ち切り、健全な経済システムを構築するには、経済・産業構造を根本的に改革しなければならない。

資本主義が成立して以来、人類は、ひたすら経済成長をもとめつづけてきた。生産性と生産力の引き上げをつづけてきた。

物的な豊かさが人間のしあわせの大前提だという確固たる信念があったからであろう。この考え方の根本的な転換が不可欠である。

生産システムをさらに合理化・効率化していくことはどうしても必要なことであるが、これからは、分配のシステムを大胆に変革していかなければならない。

すなわち、可能なかぎり地球環境を原状復帰させることを大前提に、経済・賃金格差の徹底

図５　企業部門の貯蓄超過幅

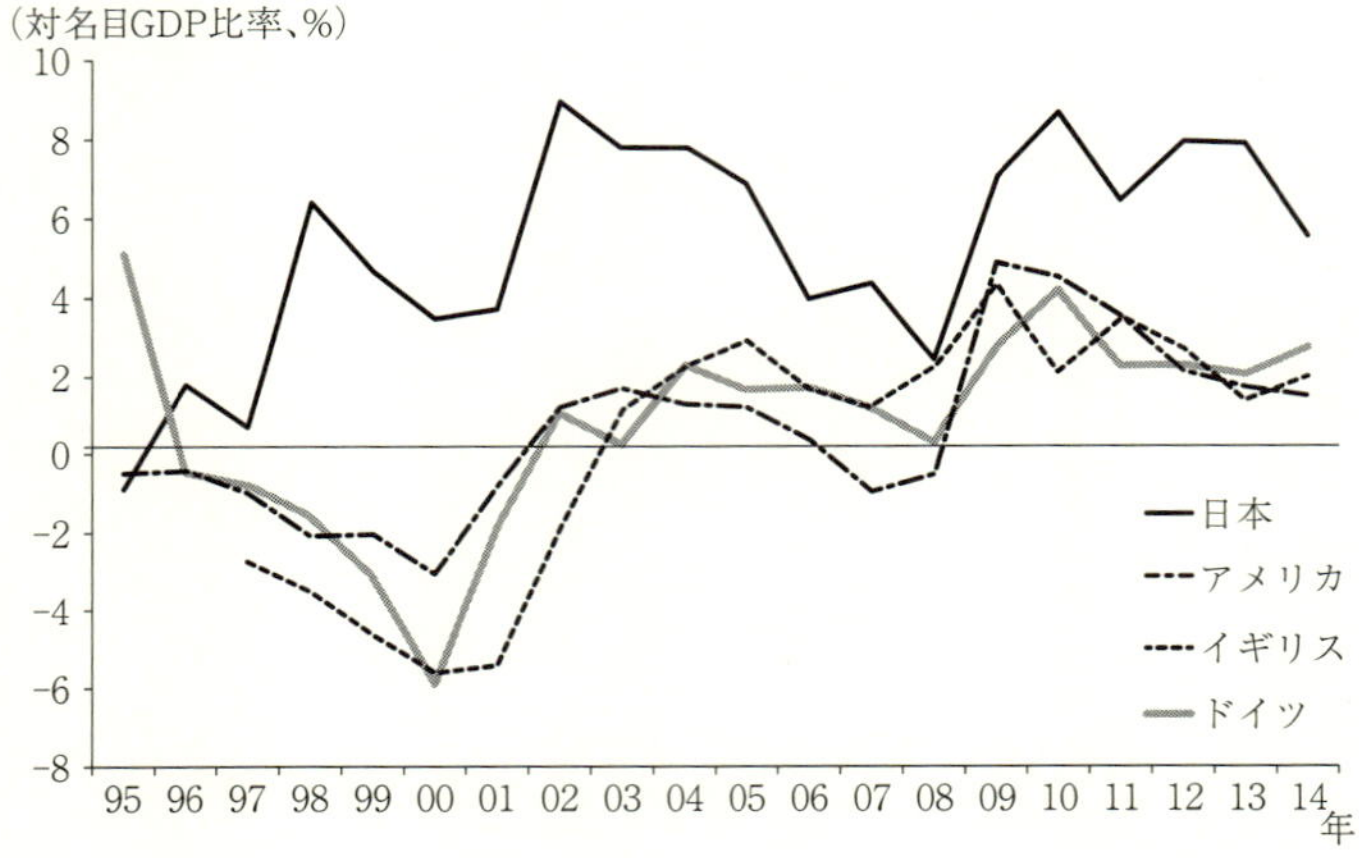

（資料）Haver Analytics.
（出所）日本銀行。

的な是正、労働条件の向上、福祉の充実、経済・企業倫理の確立、世界平和などをめざしていかなければならないのである。

その実現によってはじめて、現下の世界的な長期不況が終息するであろう。

格差の是正

現代の経済学では、賃金の引き上げをしなければ、デフレと不況から本格的に抜け出せないことがあきらかにされている。それは、かつてケインズがいったことでもあった。

それにもかかわらず、リーマン・ショック以降、大企業は、なかなか賃上げをしてこなかったので、デフレが克服されず、景気が本格的に回復することはなかった。

欧米諸国企業とくらべても、日本の企業部門の貯蓄超過幅は大きい（図５、参照）。これは、賃上げなどにより、分配をかえていくことが可能だということをしめしているといえよう。

高賃金・高福祉とドイツのように４週間（実際には６週間）の長期連続休暇を実現すれば、ひとびとはどんどん地方にでかけていくので、内需拡大型の経済成長が可能となる。

もちろん、そのためには、消費税を付加価値税にし、税率を最低でも20％にするとともに、国民負担率を引き上げなければならない。そのさい、税金をビタ一文無駄遣いしないという政治家と公務員の高度の倫理が不可欠の前提となる。

税金が血税といわれるのは、納税者が血の出るおもいで稼いだ所得から支払われるからである（本来は、国民の兵役義務のたとえ）。

ドイツでも、税金の無駄遣いはあるだろうが、高級官僚が天下り先を作り、そこに血税を投入しつづけて、天下り、高給を食むなどということは、日本ほどはないようである。

ここで、どうしても強調しておかなければならないことは、教育の機会均等をしっかりと確保しなければならない、ということである。所得の低い家庭の子どもが、塾にもいけず、能力があるのに、希望する大学に入学できないという事態が深刻化している。

これは、「すべての国民は、……その能力に応じて、ひとしく教育を受ける権利を有する」という「憲法」26条違反である。

ドイツのように、教育への国庫補助の大幅な増額、給付型の奨学金の拡大などをおこなう必要がある。だが、ドイツでも、残念ながら、相対的に所得の高い家庭の子女しか大学にいけないようになっている。

日本でもドイツでも、低所得家庭の子女には、授業料免除・生活できるだけの給付型奨学金の授与などをおこなって、教育の機会均等をなんとしても実現しなければならない。

能力がないのに高額所得家庭の子女が大学に入学して、卒業し、社会的地位が高くなる社会というのはおかしい。国家的損失である。能力がある低所得家庭の子女が高等教育をうけられて、社会で活躍してこそ、国家が発展していく。

よく、結果の平等ではなく、機会の平等を、といわれる。

もし、それをほんとうに実現しようとすれば、保育園・幼稚園から大学院博士後期課程まで学費をゼロにしなければならないし、低所得層の家庭の子女には、給付型の奨学金を支給し、アルバイトなどせずに勉学に集中できるようにしなければならない。

それをせずに、某大学に入学する子女の保護者の平均年収は1000万円以上などということを放置するのであれば、機会の平等などは、けっして口にしてはならない。

むすびにかえて

1990年代初頭に不動産・資産バブルが崩壊すると日本銀行は、長きにわたり超低金利政策を遂行してきた。ついには実質ゼロ金利政策、量的緩和政策を導入した。しかしながら、円高とデフレ不況を克服できなかったと批判されてきた。

そこで、デフレが貨幣現象であるにもかかわらず、日銀がなんら有効な金融政策をうてなかったからそうなったのだ、との批判をしてきたいわゆるリフレ派の人物が、安倍政権によって日銀に「刺客」として送り込まれた。

日銀を占領したリフレ派は、異次元緩和をおこなえば、デフレを脱却できるとして、非伝統的金融政策を3年以上にわたってつづけている。だが、日本のデフレは、けっして貨幣現象ではないので、いっこうにデフレから脱却ができない。

もちろん、異次元緩和で円安誘導をおこなったので、輸出企業が膨大な為替差益を獲得し、株価が上昇した。それとても、日本の貿易赤字基調への転換とアメリカ政府による円安誘導の容認政策によるものであった。

円安誘導によって輸入物価が上がり、デフレでない状態にいたった。もちろん、あくまでも「幻想」の経済成長であった。

「強い経済」が構築されているわけではないので、企業は、いくら安倍政権に賃上げ要請されても、おうじるわけにはいかなかった。円安で儲けさせてもらっている輸出大企業が、おかえしの気持ちで多少の賃上げをおこなってきた。

消費者物価がプラスになったとしても、それ以上の賃上げがおこなわれないので、実質賃金は、マイナスとプラスをいったり、きたりである。

日本の貧困な福祉政策では、老後が心配で、年金生活者が消費を拡大することはない。ましてや円安で、輸入物価が上昇したので、ますます消費を引き締めている。

安倍政権は、日銀が大量の国債を購入して長期金利を引き下げ、あげくのはてにマイナス金利政策まで導入していることをいいことに、いっこうに財政赤字の削減に取り組もうとしていない。

しかも、株価を引き上げ、経済成長させることで高い内閣支持率を維持しようとしているので、膨大な財政出動をしている。それは、「憲法」改悪という野望のためである。安倍政権によって、経済は、政治のたんなる「手段」として悪用されている。日銀は、２０１６年にはいって円高傾向がみられると、すかさず円安誘導のために、ついにマイナス金利政策にまで踏み込んだ。しかし、完全な空振りである。イギリスのＥＵ離脱さわぎでさらに円高がすすんだ。

安倍政権の軍門にくだった日銀は、さしずめ政治の「別動隊」というより「主力実行部隊（お世辞にも、精鋭部隊とはいえないが）」の様相をていしている。

日銀のマイナス金利政策によって、ついに20年物国債の金利もマイナスに突入した。安倍政権は、マイナス金利で国債を発行し、膨大な財政資金を調達できるようになった。まさに、「財政ファイナンス」である。

こうして、国政選挙四連勝の安倍氏はなんのうれいもなく、２０２０年東京五輪・パラリンピックに突き進むことができる。日銀にドンドン資金をださせて、大成功させることができる。「憲法」改正（正確には改悪）もおこなって、安倍首相は歴史にのこる「名宰相」となるであろう。

だが、すでに１０００兆円を超える政府債務残高をかかえているなかで、さらに債務をかさねると、ついにはインフレが亢進することになる。これが、「東京オリンピック恐慌」の勃発である。

日銀がこれを回避できなければ、物価の安定が最大の使命である日銀の決定的敗北となる。敗北を回避するために、日銀は、金利を４％に引き上げよというのは、天下の暴論であるが、インフレの亢進をなんとしても回避しなければならない。

日銀は、マイナス金利政策などという、資本主義の大原則を否定するような「禁じ手」をただちに撤回しなければならない。

【著者紹介】

相沢幸悦（あいざわ　こうえつ）

現職　埼玉学園大学経済経営学部教授、川口短期大学ビジネス実務学科客員教授

慶應義塾大学大学院経済学研究科博士後期課程修了、経済学博士

【主著】

『品位ある資本主義』平凡社新書、2006年
『平成金融恐慌史』ミネルヴァ書房、2006年
『品位ある日本資本主義への道』ミネルヴァ書房、2010年
『日本銀行論』ＮＨＫブックス、2013年
『環境と人間のための経済学』ミネルヴァ書房、2013年
『憲法劣化の不経済学』日本経済評論社、2015年
その他多数

日本銀行の敗北――インフレが日本を潰す

2016年9月1日　第1刷発行　定価（本体1500円＋税）

著　者　相　沢　幸　悦
発行者　柿　﨑　均

発行所　株式会社日本経済評論社
〒101-0051　東京都千代田区神田神保町3-2
電話 03-3230-1661　FAX 03-3265-2993
URL：http://www.nikkeihyo.co.jp/
印刷＊藤原印刷／製本＊誠製本

装幀＊渡辺美知子

ISBN978-4-8188-2437-9　C0033